북한 뉴스 바로 보기

손안의 통일 **6**

북한 뉴스 바로 보기

: 인포데믹 시대에 북한 뉴스 읽기

구본권 지음

통일부
통일교육원

이 책은 통일교육원과 열린책들이
손안의 통일 함께 기획·제작했습니다.

〈손안의 통일〉 시리즈를 발간하며

여행 좋아하시나요? 스위스 출신의 영국 작가이자 철학자인 알랭 드 보통Alain de Botton은 〈행복을 찾는 일이 우리 삶을 지배한다면, 여행은 그 일의 역동성을 그 어떤 활동보다 풍부하게 드러내 준다〉라고 했습니다. 갑자기 행복을 찾으러 여행 가고 싶어지지는 않으셨나요?

여행 이야기를 꺼낸 것은 여행과 평화·통일이 비슷한 점이 많아서입니다. 여행은 그 과정에서 많은 사람을 만나고, 다양한 것을 체험하면서 완성됩니다. 평화·통일 역시 어느 한순간에 만들어지는 것이 아니라, 평화·통일을 향한 작은 과정 하나하나가 모여 달성됩니다. 또한 여행은 돌발 상황이 발생하는 등 그 과정이 순탄치만은 않습니다. 평화·통일로 가는 길 역시 평탄한 도로 위만 달리는 것은 아닙니다. 마지막으로 여행과 평화·통일 모두 목적지가 있다는 것과, 끝난 뒤 돌아보면 힘들었던 기억은 좋은 추억이나 성장의 토대가 된다는 점도 닮았다고 생각합니다.

그런데 여행과 평화·통일 사이에는 큰 차이점도 있습니다. 가장 대표적인 것이 바로 〈재미〉의 유무입니다. 요즘 여행을 가면 블로그 등을 통해 미리 맛집이나 명소도 알아보고, 현장에 가서 예쁘게 사진을 찍어 SNS에 올리기도 합니다. 이 모든 과정이 귀찮고 번거로울 수도 있지만, 사람들은 이를 재미있는 놀이로 즐깁니다. 그러나 평화·통일이라는 이야기를 듣는 순간, 〈아, 또 뭔가 고리타분하고 재미없는 이야기를 하겠구나〉 싶어 지레 겁을 먹고 귀를 닫는 경우가 많습니다.

「우리의 소원은 통일」이라는 노래가 널리 알려져 있지만, 왜 평화·통일은 이다지 재미없고 관심도 없는 일이 되어 버렸을까요? 지난 수십 년간 평화·통일을 교육하고 강조해 온 입장에서 스스로를 돌아보게 만드는 질문입니다. 평화·통일은 우리의 일상 속에 자리 잡고 있는 것임에도 불구하고, 교육을 한다면서 고담준론(高談峻論)의 성(城)에 이를 가두어 둔 것은 아닌지, 장벽을 높게 쳐버린 것은 아닌지 반성을 해봅니다.

〈손안의 통일〉은 이런 반성에서 출발하여 기획되었습니

다. 딱딱하고 재미없을 것만 같은 평화·통일 문제의 장벽을 낮춰 보고자 합니다. 그리하여 누구나 편하게 느끼고 쉽게 다가갈 수 있도록 했습니다.

기존 정치·군사 문제 중심의 평화·통일 이야기를 역사·여행·예술·미디어 등 다양한 소재를 통해 바라보고자 합니다. 일방적으로 지식을 전달하는 방식에서 벗어나, 많은 사람들이 궁금해하는 이야기를 쉽고 재미있게 풀어내어 대중의 감성에 맞도록 전달하고자 합니다. 〈손안의 통일〉이라는 말 그대로 실제 손에 잡히는 실질적이고 구체적인 평화·통일 이야기를 담아내겠습니다. 가볍게 들고 다니며 볼 수 있는 크기로 제작되지만, 그 내용과 고민은 결코 가볍지만은 않을 것입니다.

오늘날은 〈평화가 일상이 되는 시대, 통일을 마중 나가는 시대〉라고 할 수 있습니다. 그런 시대를 맞아 〈손안의 통일〉은 여러분을 평화·통일로 초대하는 초청장이자, 평화·통일이라는 복잡한 길을 안내해 줄 좋은 여행서가 될 것입니다. 이제, 함께 여행을 떠날 시간입니다. 평화·통일의 길 위에서 많은 것들을 보고 배우며, 그 과정을 즐길 수 있기를, 그리고 훗날 이 모든 것들이 좋은 추억이자 성장의 토대가 되기를 바랍니다. 나아가 일상에 스며든 통일과 평화에 대한 감수성으로 모든 세대가 평화롭고 행복한 통일을 꿈꿀 수 있기를 기대해 봅니다.

2020년 12월

통일교육원장 백준기

서문

인포데믹 시대에 북한 뉴스 읽기

전 세계가 〈가짜 뉴스fake news〉로 몸살을 앓고 있다. 2016년 미국의 대통령 선거, 영국의 브렉시트 국민 투표가 진행되는 동안 허위 왜곡 정보가 여론에 상당한 영향을 끼치는 일이 일어났다. 영국 『옥스퍼드 사전』은 2016년 말, 그해를 대표하는 단어로 〈탈진실Post-Truth〉을 선정했다. 탈(脫)진실 현상은 사람들이 판단을 할 때 객관적 사실이나 분명한 증거를 중요하게 여기기보다 주장이나 의견에 좌우되는 현상을 말한다. 탈진실 현상에 주목해야 하는 이유는, 〈탈진실 현상〉이 반짝하고 사라지는 사회적 병리 현상이 아니라 정보화가 진전될수록 오히려 폐해가 커진다는 점 때문이다.

한국 사회도 허위 왜곡 정보의 폐해를 실감하고 있다. 2020년 전 세계를 공포로 몰고 간 글로벌 감염증인 신종 코로나바이러스(코로나19)는 가짜 뉴스의 위험을 일깨운 계기였다. 신종 코로나바이러스와 관련해 〈야외에선 감염되지 않는다〉, 〈소금물로 입을 소독하면 된다〉는 등의 갖가지 허위 정보로 인해 한국 사회는 큰 혼란과 많은 비용을 치러야 했다. 세계보건기구(WHO)가 2020년 신종 코로나바이러스 관련 허위 정보가 심각하다며 〈인포데믹 infodemic〉을 경고했을 정도이다. 〈인포데믹〉은 〈정보〉를 의미하는 information과 〈전염병〉을 의미하는 epidemic이라는 두 단어를 합쳐서 만든 말로, 〈정보 전염병〉이란 뜻이다. 다시 말해 거짓 정보가 바이러스처럼 빠르게 퍼져 피해를 일으키는 현상을 의미한다. 모든 사람이 감염원 차단과 개인위생에 신경을 곤두세우고 있지만, 동시에 미확인 정보와 황당한 거짓말이 난무하고 이를 사실로 받아들이는 사람들의 피해가 늘어났기 때문이다. 바이러스와 싸워야 할 세계보건기구가 〈정보 전염병〉과 싸워야 한다고 경고에 나선 것이다.

정보화 세상은 〈탈진실의 시대〉가 되었고, 이런 정보화 세상을 살아가는 사람들이 정보 전염병과 싸워야 하는 상황은 아이러니한 현상이 아닐 수 없다. 왜냐하면 정보화 세상에서 사람들은 어느 때보다 학력 수준이 높아졌고, 누구나 모든 정보에 직접 접근할 수 있는 지적인 환경에서 살아가기 때문이다. 무슨 정보든지 미심쩍으면 그 자리에서 사실 여부를 확인해 볼 수 있는 최고의 환경인데, 허위 왜곡 정보로 인한 피해는 어느 때보다 커졌다. 일찍이 예상하지 못한 정보화 사회의 역설이다.

한국 사회에서 허위 왜곡 정보 사례와 그로 인한 피해가 유난히 많은 분야는 북한 관련 정보이다. 군사적으로 대치 중인 휴전 상대국이라는 점에서 북한의 군사적 움직임뿐만 아니라 정치, 경제, 사회 일반에 대해 국민적 관심이 높지만 정보는 부족한 상태이다. 공식적으로 발표되는 북한 정보라고는 폐쇄적 사회인 북한이 일방적으로 선전하는 정보가 대부분인 환경에서, 북한 사회의 감춰진 진실에 대한 정보 욕구는 매우 크다. 정보 수요는 있지만 믿을 만한 정보가 공급되지 않는 상황은 신뢰성 낮은 정보가 유통되기 좋은 환경이다. 이것이 북한 관련 허위 정보와 오보가 난무하는 배경이 된다.

신문과 방송 등 우리 사회의 주요 언론들은 북한 보도와 관련해 유난히 신뢰성이 낮다. 언론사들이 여러 차례 〈특종 보도〉라면서 주요 정치 지도자의 처형과 숙청 사실을 자신 있게 보도했지만, 그 인물이 다시 살아난 경우가 부지기

수다. 한두 언론사에 국한된 문제가 아니라는 점은 언론의 북한 관련 보도에 구조적인 요인이나 관행이 있음을 알려 준다.

〈왜 북한을 대상으로 한 언론의 잦은 오보는 개선되지 않는 것일까?〉라는 문제의식이 이 책의 출발점이다. 북한 관련 보도 분석과 대응책이 책의 핵심이지만, 북한 관련 오보가 오늘날 디지털 정보 사회와 관련이 깊다는 인식과 진단은 정보화 사회에서의 가짜 뉴스 현상으로 문제의식을 확장시킨다.

이 책은 4개의 장으로 구성되어 있다. 1장에서는 북한 대상 오보와 허위 정보의 사례 및 유형, 그리고 그로 인한 피해 현상을 다룬다. 2장에서는 왜 북한 대상 오보가 발생하는지, 그 원인이 되는 구조적 요인들과 언론계의 보도 관행 및 배경을 살펴본다. 3장에서는 인포데믹 환경에서 이용자가 오보와 허위 왜곡 정보를 식별해 내는 방법을 전달한다. 4장에서는 북한 관련 오보가 단지 언론 보도만의 문제가 아니라, 허위 정보에 취약한 인간의 인지적 성향과 관련이 깊음을 논증한다.

이를 통해 북한 관련 오보와 허위 왜곡 정보를 식별하는 실질적인 팩트 체크(사실 확인) 방법을 학습하고, 나아가 디지털 정보 환경에서 비판적 사고력과 디지털 리터러시 digital literacy가 새로운 시민적 역량으로 요구되는 이유를 살펴본다.

스마트폰과 소셜 미디어가 지배적 미디어가 되고, 인터넷을 누구나 이용할 수 있게 되면서 우리는 무한한 정보 환경에서 살게 되었다. 그러나 사람들은 여전히 정보가 희소하던 시기에 형성된 인식 체계, 사고 구조에 의존해서 살아간다. 허위 왜곡 정보를 유통하는 사람들이 이러한 현대인의 문화 지체 현상과 인지적 틈을 노려 가짜 뉴스를 유포하고 있다.

인터넷과 인공 지능 환경은 활자와 매스 미디어 시대의 문해력literacy과 다른 차원의 문해력을 요구한다. 디지털 미디어의 구조와 특성을 이해하고 활용하는 새로운 미디어 리터러시 능력이 바로 그것이다. 가짜 뉴스를 생산하고 유포하는 주체는 기본적으로 소셜 미디어와 디지털 정보의 속성에 대한 기술적 전문성을 갖추고, 지능 정보 사회의 정보 유통 구조와 영향력을 악의적으로 활용할 줄 아는 집단이다. 이에 비해 가짜 뉴스를 소비하고 영향을 받는 집단은 정보 기술과 소셜 미디어의 속성에 대한 이해가 낮은 디지털 리터러시 취약층이다.

북한 관련 오보에 빠지는 사람들도 비슷하다. 관심은 많지만 그에 대해 알려진 것이 없고 검증할 방법이 부족할 때 헛소문을 퍼뜨리고, 이를 악용하는 사람들이 있다. 남북한 간 평화 공존과 관계 회복을 위해서는 우리 사회의 북한 관련 보도도 사실 확인을 중시하는 보도로 업그레이드되어야 한다. 부디 이 책이 우리 모두에게 디지털 정보 사회에서는 허위 왜곡 정보를 식별해 내는 능력이 무엇보다 중요해졌음을 깨닫게 해주는 계기가 되길 소망한다.

2020년 12월
구본권

차례

4장 왜 미디어 리터러시인가

1장

북한 보도의 원성

1
북한 관련 다양한 가짜 뉴스와 오보

주요 오보의 사례

2020년 4월 중순부터 보름 가까이 한국 사회는 〈김정은 북한 국무위원장 건강 이상설〉로 온 나라가 뒤숭숭했다. 처음에는 신원이 밝혀지지 않은 〈대북 소식통〉의 전언 형태로 김정은 위원장의 건강 이상설, 긴급 수술설이 보도되었다. 얼마 지나지 않아 탈북자 출신 정치인들의 사실 확인성 발언이 이어지고, 이내 사망설로 둔갑해 일파만파로 번져 나갔다. 〈김정은 국무위원장 건강 이상설〉은 2020년 5월 2일 북한 조선중앙텔레비전(이하 조선중앙TV)이 순천린(인) 비료 공장 준공식 현장에 나타난 김 위원장의 영상을 15분간 방영하면서 반전을 맞았다. 그동안 한국 언론들의 수많은 추측성 보도가 근거 없는 가짜 뉴스와 오보로 확인되며, 〈북한 보도 오보의 역사〉에 또 한 건의 부끄러운 기록을 보태고 마무리되었다. 북한 최고 지도자의 안위를 둘러싸고 열흘 가까이 진행된 루머와 오보, 가짜 뉴스는 어떻게 온 나라를 흔들었을까.

〈김정은 건강 이상설〉 오보의 전개 과정

〈김정은 건강 이상설〉은 김 위원장이 4월 15일, 조부인 김일성 주석의 생일에 금수산태양궁전을 참배하는 모습이 포착되지 않은 데서 시작되었다. 김 위원장이 2012년 집권 이후 김 주석 생일에 금수산태양궁전을 참배하지 않은 것은 처음이라는 점에서, 그 배경에 대해 여러 관측이 나왔다. 통일부는 이틀 뒤인 4월 17일 오전 정례 브리핑에서 〈(참배) 관련 보도가 없는 것으로 알고 있으나 그 의도를 예단해 언급하는 것은 적절치 않다〉고만 밝혔다.

〈김정은 건강 이상설〉이 불거진 것은 ○○연구소가 4월 17일 오후 언론에 보낸 분석 자료에서 〈김 위원장의 건강이나 신변에 적어도 일시적으로나마 이상이 발생했을 가능성이 있다〉고 밝히면서부터이다. 국내 일부 매체들이 ○○연구소의 주장을 보도하면서 신변 이상설이 증폭되었다.

〈김 위원장 신변 이상설〉은 며칠 뒤 국내 모 언론이 4월 20일 〈북한 내부 소식통〉을 취재원으로, 〈김 위원장이

12일 평안북도 묘향산 지구의 향산진료소에서 심혈관 시술을 받고 향산특각에서 치료 중〉이라고 구체적 정보를 담아 보도하면서 본격적으로 주요 뉴스로 다루어지기 시작했다. 국내 일부 매체는 해당 언론의 보도를 인용해, 4월 21일 자 지면에 〈김정은 위원장 수술설〉을 비중 있게 보도했다.

〈북한 전문가의 추정 ⇒ 대북 소식통을 통한 인터넷 언론 보도 ⇒ 신문·방송 등 주요 언론 보도〉 순서로 국내를 중심으로 확산되어 가던 〈김정은 건강 이상설〉은 4월 21일에 미국 ○○ 언론이 미국 정부 관계자를 인용해 〈김 위원장 위중설〉을 보도하면서 국내를 넘어 전 세계에 주요 뉴스로 확산되었다.

4월 22일에 일본 언론들도 소식통을 인용해 〈작년 말 김여정 대행설〉 등을 보도하며 해당 언론 보도에 신빙성을 보탰다. 일본 언론은 〈(한미일 협의 소식통을 인용해) 북, 작년 말부터 긴급 상황 발생 시 김정은 위원장의 여동생 김여정이 최고 지도자 권한을 대행하는 준비가 진행 중〉이라는 보도를 내보냈다.

언론들이 김정은 위원장 건강 이상설을 확정적으로 보도하는 것과 달리, 각국 정부는 미확인 사실에 대해서 신중한 태도를 취하거나 적극적으로 부인했다.

일본 정부는 4월 21일에 스가 요시히데(菅義偉) 관방장관의 정례 기자 회견에서 〈김정은 위원장 관련 보도 내용을 알고 있으며, 평소 북한을 둘러싼 동향에 관심을 갖고 정보 수집 분석에 힘쓰고 있다〉고만 밝힌 채 구체적인 언급을 피했다. 이날 겅솽(耿爽) 중국 외교부 대변인은 정례 브리핑에서 〈김정은 위원장 중태설에 대해 출처가 어디인지 모른다〉고 부인했으며, 북한과 소통하는 중국 공산당 대외연락부 관계자도 로이터 통신에 김 위원장 중태설을 부인했다.

도널드 트럼프 미국 대통령은 김 위원장 중태설과 관련해, 대중의 호기심을 자극하는 발언을 이어 갔다. 4월 21일에 트럼프 대통령은 (김 위원장의 안위에 대해) 〈우리는 모른다〉, 〈나는 그가 잘 있기를 바란다〉고 발언했고, 22일에는 〈해당 보도는 부정확한 허위 보도라고 본다〉라고 말했다. 트럼프 대통령은 27일에 〈나는 김 위원장이 어떻게 지내는지 비교적 알고 있다〉, 〈아마 머지않은 미래에 여러분은 소식을 듣게 될 것이다〉라고 미묘한 발언을 했다. 트럼프 대통령은 5월 1일에도 〈김 위원장에 대해 적절한 시점에 할 말이 있을 것〉이라며, 〈아직은 김 위원장의 건강 등에 대해 말하고 싶지 않다〉고 했다. 김정은 위원장의 건강과 관련해 자신은 뭔가를 알고 있지만 현재 말하지 않겠다는 태도로 발언했다.

한편, 한국 정부 당국의 발언은 일관되었다. 청와대는 김정은 위원장 신변 이상설이 제기된 시점인 4월 21일에 〈특이한 동향을 발견할 수 없었다〉는 반응을 보였고, 4월 23일에는 국가안전보장회의(NSC) 상임위원회 개최 뒤 보도 자료를 통해서도 같은 내용을 발표했다. 통일부 장관이 국회 상임위원회에서 답변하고 언론과 인터뷰할 때도 〈특이점이 없다〉는 태도로 일관되게 대응했다.

북한 최고 지도자와 관련해 가장 풍부한 정보와 분석 능력을 지닌 한국, 미국, 중국, 일본 정부는 김정은 건강 이상설에 대해 유보적이고 전략적인 태도로 일관했다.

한편, 4월 21일경 소셜 미디어에서는 〈신문사에 북한 전문 소식통이 투고한 정보〉라는 제목으로 김 위원장의 뇌사설과 평양 계엄령 선포설을 담은 사설 정보지(지라시)가 유포되었다. 이 지라시는 2014년에 이미 한 차례 유포된 바 있는 허위 정보인데, 날짜와 서술만 현재형으로 바꿔 다시 만들어진 〈가짜 뉴스〉였다. 유튜브와 소셜 미디어 등에는 〈김정은 사망〉 조작 동영상도 만들어져 유포되었다.

4·15 총선 직후 유포되기 시작한 김 위원장 건강 이상설

은 정치권 인사의 발언 등을 통해 증폭되었다. 4월 21일에는 〈김정은, 심혈관 질환 수술 맞는 듯〉이라고 신변 이상설이 공개적으로 제기되는가 하면, 〈김정은 위원장이 스스로 서서 사진 한 장 찍을 수 없는〉 거동 불가능 상태이며 〈심혈관 수술 후유증으로 사망한 것을 99퍼센트 확신한다〉고 언론에 크게 보도되는가 하면, 〈후계 구도는 김여정 쪽으로 힘이 실릴 것〉이라는 예측도 내놓았다. 미국 ○○ 언론 보도에 이어 4월 25일 ○○ 통신이 〈북한 요청으로 중국 의학원 소속 인민해방군 301병원 등 50여 명의 의료진 등 급파〉 보도를 내보냈다. ○○ 통신을 인용한 국내외 언론들의 보도가 쏟아졌다.

한편, 미국의 한 북한 전문 분석 매체는 4월 26일 상업용 위성 사진 분석을 토대로, 김정은 위원장 전용 열차가 원산에 정차해 있는 것을 확인해 공표했다. 그동안 일부 언론이 제기해 온 〈코로나19 피신설〉에 무게가 실리는 팩트였다.

북 최고 지도자의 신변 이상설이 확정적 뉴스로 보도되자 국내에 불안 심리가 커졌고, 금융 시장에도 충격이 고스란히 반영되었다. 미국 ○○ 언론이 건강 이상설을 보도한 4월 21일, 국내 금융 시장은 크게 출렁였다. 안보 불안 심리가 금융 시장을 위축시킨 이날 한때 종합 주가 지수는 3퍼센트 가까이 급락했고, 원-달러 환율은 20원 가까이 급등하며 원화 가치가 추락했다.

숱한 의혹 보도의 대상이 되었지만 북한은 〈김정은 건강 이상설〉 보도에 전혀 반응하지 않았다. 남한 언론과 일부 외신들의 보도가 쏟아졌지만 북한은 긍정도, 부정도 하지 않고 침묵으로 일관했다. 북한 관영 매체들을 통해 김정은 위원장이 정상적인 국정을 수행하고 있음을 시사하는 보도를 내보냈을 따름이다. 현지 방문과 사진을 통한 보도는 없었지만, 김정은 위원장 명의로 축전을 보내고 감사 편지가 전달되었다는 보도는 평상시처럼 이어졌다. 이는 1986년 11월 〈김일성 피격 사망설〉이 유포되었을 당시에 북한 당국이 보인 대응 방식과 유사한 장면이었다.

총살형당했다는 인물들 버젓이 공개 석상 등장

〈김정은 건강 이상설〉 이전에도 국내외 언론은 북한 주요 인사의 신변에 대해 숱한 오보를 해왔다. 공개 처형되었다고 보도된 인물이 〈부활〉해 버젓이 공개 석상에 등장하고, 숙청되었다는 당 간부가 변함없이 자리를 유지하며 업무를 수행하는 모습이 북한 방송에 보도된 사례가 셀 수 없이 많다. 그 가운데서도 사회적 파장이 유난히 컸던 〈대형 오보〉들이 있다.

2013년 현송월 총살 오보

국내 ○○ 언론사는 2013년 8월, 〈김정은 옛 애인 등 10여 명, 음란물 찍어 총살돼〉라는 기사를 지면에 크게 실었다. 중국 내 북한 소식통을 인용한 이 기사는 보천보 전자 악단 소속 가수 현송월을 〈김정은의 옛 애인〉이라고 보도했다. 북한의 대표적인 엘리트 대중음악 그룹 보천보 악단의 현 송월을 비롯한 멤버들이 음란 비디오를 찍고 돌려보다가 적발되어 기관총으로 총살당했다는 충격적인 내용의 기사 였다. 문제가 된 사건의 핵심 인물이 김정은 위원장의 옛 애 인이자 음란 비디오를 촬영 및 유통했다는 기사는 막장 드 라마를 능가하는 선정적 내용으로 가득했다. 기사는 대중 의 호기심 속에 빠르게 확산되었고, 수많은 사람들에게 기 정사실처럼 받아들여졌다. 하지만 2014년 5월, 북한 전국 예술인 대회에 현송월이 나타난 사실은 조선중앙TV를 통 해 보도되었다. 현송월은 2015년에 북한 공연 예술 지도자 로 모란봉 악단을 인솔하고 베이징을 방문해 이목을 집중 시켰다. 또한 그녀는 2018년 2월 평창 동계올림픽 때 삼지 연 관현악단장 자격으로 방한했다. 처형당했다는 음란 비디오 사건의 주인공이 생생한 모습으로 남쪽 사람들의 눈앞에 등장한 일은 언론의 뜨거운 관심으로 나타났다. 화제를 불렀던 5년 전 국내 언론의 선정적 오보가 다시 소환되었지만, 해당 언론의 정정 보도나 사과 보도는 없었다.

2019년 김영철 노동당 부위원장 숙청설

2019년 2월, 하노이 북미 정상 회담이 성과 없이 끝나자 국내 언론에서는 김영철 노동당 통일전선부장, 김혁철 국무위원회 대미 특별대표의 신변 이상설이 제기되었다. 김혁철 대미 특별대표는 하노이 북미 정상 회담 때 북한 쪽 실무협상을 맡은 인물이다. 국내 ○○ 언론사는 그해 5월, 대북 소식통을 인용해 〈김영철은 노역형, 김혁철은 총살〉 기사를 보도했다. 국내 언론과 외신들도 해당 기사를 인용해 보도했다. 하지만 보도 이틀 만인 6월 2일, 북한 방송은 김정은 위원장의 공개 활동에 김영철 통일전선부장이 동행하는 장면을 내보내, 남쪽 언론들의 보도를 오보로 확인시켜 주었다.

2019년 북미 회담 통역 뒤 정치범 수용소 있다더니

오보의 대상은 북한의 거물 정치인들과 당 간부에 국한되지 않는다. 국내 ○○ 언론사는 2019년 5월 31일, 〈하노이 실무 협상 김성혜, 통역 신혜영 둘 다 정치범 수용소행〉이라는 기사를 보도했다. 이 신문은 하노이 회담 당시 김정은의 통역을 맡았던 신혜영이 회담 뒤 정치범 수용소에 수용되었다고 보도했다. 하지만 신혜영은 보도 한 달 뒤인 6월 30일에 판문점 남쪽 자유의 집에 나타났다. 이날 판문점에서 열린 김정은 위원장과 트럼프 대통령 간의 북미 회담장에 북한 대표단의 일원으로 나타난 것이다. 수용소에 있다가 통역을 위해 동원된 게 아니라, 남쪽 언론의 보도가 오보였다. 실제로 신혜영은 김창선 국무위원회 부장의 통역으로 회담에 참석했고, 자유의 집 안에서 시설들을 둘러보는 모습이 사진으로 포착되기도 했다.

2015년 김경희 독살설

2013년 12월 장성택 공개 숙청 사건 이후 부인인 김경희 전 노동당 비서가 공개 석상에 나타나지 않자, 국내 언론에서는 위독설, 뇌졸중설, 자살설 등 다양한 종류의 신변 이상설이 지속적으로 제기되었다. 2015년 5월 11일, 미국 ○○ 언론사는 고위 탈북자를 인용해 김정은 위원장이 2014년 5월 고모인 김경희를 독살했다고 보도했다. 이 보도 이틀

날인 5월 12일 국내 주요 언론들은 뉴스 특보로 해당 기사를 인용해 〈김정은, 고모 김경희 독살 지시〉 기사를 비중 있게 보도했다.

　이 보도가 오보로 밝혀지기까지는 상당한 기간이 걸렸다. 김경희 전 비서는 설날인 2020년 1월 25일 평양 삼지연 극장에서 김정은 위원장, 리설주 여사, 김여정 당 제1부부장 등과 함께 설 기념 공연을 관람하는 모습이 북한 언론을 통해 보도되었다. 6년 4개월 만의 공개 석상 등장이었다. 미국과 한국 언론이 독살되었다고 보도한 인물이 5년이 지나 멀쩡하게 살아 돌아옴으로써, 북한 관련 중대 오보의 사례로 추가되었다.

2016년 리영길 처형설

북한의 갑작스런 개성 공단 폐쇄 통보로 술렁이던 2016년 2월 10일, 이날 오후 통일부는 〈북한, 군 총참모장 리영길을 2월 초 전격 숙청〉이라는 제목의 문건을 기자들한테 전자 우편으로 제공했다. 〈북한은 2월 초 군 총참모장인 리영길(61세, 대장)을 《종파분자》 및 《세도·비리》 혐의로 처형했다〉는 내용의 문건이었다. 국내 대부분의 언론은 정부가 제공한 이 문건의 신뢰성을 믿고 대대적으로 〈북, 군 서열

3위 리영길 처형〉 기사를 보도했다. 하지만 석 달 뒤인 5월 10일, 북한 『노동신문』은 리영길이 조선노동당 중앙위원회 제7기 제1차 전원회의에서 중앙군사위원과 정치국 후보위원에 선임되었다고 보도했다. 정부가 국내 정보 당국의 정보 분석을 바탕으로 출입 기자들에게 제공한 보도용 정보가 대형 오보를 낳은 사례이다.

1996년 성혜림 망명설

국내 ○○ 언론사는 1996년 2월, 김정일의 처 성혜림이 모스크바를 탈출해 서방으로 망명했다고 보도했다. 이 신문은 〈김정일 후처들이 괴롭혀 결행〉, 〈김정일 여성 편력에 가슴앓이〉 등 자극적 보도를 연속으로 내보내며, 〈세계적 특종〉이라고 보도했다. 5개월 뒤 이 보도는 오보로 드러났다. ○○ 언론사가 성혜림은 여전히 러시아 정부의 보호를 받고 있다고 보도하고, 국내 정보 당국이 이를 확인하면서 오보임이 확인되었다.

1994년 김평일 주핀란드 북한 대사 망명

국내 ○○ 언론사는 1994년 8월, 김정일의 배다른 동생이자 주핀란드 대사인 김평일이 오스트리아로 망명했다는 기사를 보도했다. 김정일-김평일 형제의 불화설을 내보내면서 김평일의 유럽 망명 소문을 사실로 단정해 보도한 것이었다. 보도된 직후 오스트리아 외교 당국의 확인을 통해 북한 인사의 망명 사실이 없다는 게 확인되고, 핀란드 외교 당국자에 의해 김평일이 핀란드에 여전히 머무르고 있음이 확인되어 오보임이 드러났다.

2001년 탈북 뒤 재입북한 유태준 씨 공개 총살

국내 ○○ 언론사는 2001년 3월, 〈아내 데려오려던 한국 정착 탈북자 — 북에 체포 공개 처형〉이라는 제목의 기사를 보도했다. 1998년 11월에 탈북해 대구에 정착해 살고 있던 탈북자 유태준 씨가 2000년 6월, 아내를 찾기 위해 중국으로 출국했다가 북한 당국에 체포되어 함경남도 함흥에서 공개 총살당했다는 내용의 기사였다. 해당 언론사가 유 씨의 죽음을 기정사실화한 사설을 싣고, 국내 모 정당은 대변인 논평도 발표했다.

그런데 보도와 달리 유 씨는 북한에서 살아 있었다. 북한의 라디오 방송인 평양방송에서 6월 13일과 8월 18일에 유씨의 육성이 흘러나왔고, 유 씨의 생존 여부에 대한 논란이일었다. 당시 해당 언론 매체는 〈살아 있는 모습이 TV 화면을 통해 나오지 않아 생존 사실을 단정할 수 없다〉며 유 씨의 목소리가 아니라는 가족들의 증언을 부각시키면서, 〈북한이 기자 회견까지 조작하는 것으로 보아 살아 있을 가능성이 희박하다〉라고 반박 보도를 이어 갔다.

하지만 8월 30일, MBC가 평양방송에서 유태준 씨가 인터뷰하는 화면을 입수해 「뉴스 데스크」를 통해 보도하면서, 유 씨 처형설도 오보로 밝혀졌다.

북한 대상 오보가 주요 인물들의 숙청과 처형에 한정된 것은 아니다. 북한을 다룬 보도 중에는 사실에 근거하지 않거나 정확하지 않은 단순 추정 수준의 기사가 많다. 하지만 이런 보도가 대중들에게 명확하게 오보로 수용되거나 오랜 시간이 지난 뒤에도 오보로 기억되는 경우는 많지 않다. 독자에게 전달되는 뉴스의 이미지와 충격의 강도가 〈처형〉, 〈숙청〉 등의 기사 때와 비교하면 그 강도가 약하기 때문이다. 북한의 주요 인물이 잔인하게 숙청되었다는 기사나, 죽었다는 주요 인물이 멀쩡하게 살아 있는 사진이 보도되는 경우는 뉴스에 관심이 적은 사람들도 놀라게 만드는 사건이다. 하지만 북한의 구체적인 경제 현상이나 사회 현상을 다룬 뉴스에 대한 독자들의 관심도는 주요 인물 처형

기사와 비교하면 높지 않다. 또한 이러한 기사들은 취재를 통해 오보라는 것을 밝혀내기도 쉽지 않다. 그럼에도 몇몇 북한 관련 보도는 독자들에게 처형되었다던 주요 인물이 〈부활〉해 활동한다는 오보만큼이나 인상적으로 기억되고 있다. 온 국민을 불안에 떨게 만든 〈금강산 댐을 이용한 서울 수공 계획〉 보도가 대표적이다.

1986년 금강산 댐 서울 수공 계획

전두환 정부와 언론이 합작해서 만든 〈의도적 오보〉의 대표적인 사례다. 1986년 10월, 전두환 정부는 북한이 건설 중인 금강산 댐을 터뜨려 서울을 수장시키려 한다는 소위 〈금강산 댐 서울 수공〉 계획을 발표하고, 이를 막기 위해 평화의 댐을 지어야 한다고 주장했다. 거의 모든 신문과 방송이 정부의 발표를 사실로 간주해 대대적으로 보도했다. 언론은 날마다 북한이 수공을 하면 서울이 물바다가 되는 것은 물론, 63빌딩의 절반 높이까지 물에 잠긴다는 내용의 컴퓨터 그래픽과 예상 시나리오를 기사로 보도했다. 언론은 금강산 댐 국민 성금 모금을 진행했고, 국민들은 불안에 떨면서 모금에 참여했다. 1993년 감사원 감사와 국정 감사를 통해 〈금강산 댐 수공 계획〉은 정권 차원에서 철저하게 날조된 정치 공작이었다는 사실이 드러났다. 정부와 언론이 손잡고 안보 불안 심리를 자극해 국민을 기만한 행위였다.

2013년 남한 기업 개성 공단서 철수 최후통첩

2013년 4월, 국내 ○○ 언론사는 북한이 개성 공단에 입주해 있는 남쪽 기업들에게 10일까지 최소 인원만 남기고 철수하라는 〈최후통첩〉을 보냈다는 기사를 보도했다. 개성 공단에 입주한 기업들을 취재해 작성된 기사였지만, 당일 몇 시간 만에 오보로 드러났다. 개성 공단 입주 기업 협회는 〈협회가 10일까지 출경할 임직원 인원을 체크하는 과정에서 와전되어 보도가 나간 것〉이라며, 〈북한 측에서 개성 공단 기업들에게 10일까지 철수 명령을 내린 적이 없다〉고 말했다. 북한의 공식 입장이 아니라, 개성 공단 입주 국내 기업 대표들의 말만 듣고 단정적으로 기사화한 게 오보가 되었다.

2018년 북 취재 대가로 서방 언론에 1만 달러 비자 수수료 요구

2018년 5월, 국내 ○○ 방송사는 〈북, 미 언론에 핵 실험장 취재 비용 1인당 1만 달러 요구〉 리포트를 〈특종〉이라며 보도했다. 북한은 북미 회담에 따라 함경북도 길주군 풍계리의 핵 실험장을 폐쇄하기로 하고, 폭파 현장을 외부 세계에 알리기 위해 외국 언론들을 초청했다. 당시 ○○ 방송사는 〈북한은 외국 기자들에게 북한 입국사증 명목으로 1인당 1만 달러, 약 1100만 원의 돈을 요구했다〉고 보도했다. 하지만 실제로 5월 22일, 북한 원산으로 가는 고려항공 비행기편 탑승을 위해 베이징 서우두 공항을 방문한 미국 CNN, 중국 CCTV, 러시아 타스 통신 등 외신 기자들은 북한이 사증 명목으로 돈을 요구하지 않았다고 밝혀, 오보로 드러났다.

세계적 특종이 세계적 오보가 된 〈김일성 총 맞아 피살〉

1986년 김일성 총격 피살설

역대 숱한 북한 관련 오보 중에서도 국민들에게는 물론이고 국제적으로도 가장 파장이 컸던 오보는 1986년 〈김일성 총격 피살〉 보도였다.

1986년 11월 17일, 국내 ○○ 언론사는 〈김일성 총 맞아 피살〉 기사를 호외로 찍어 전국에 무료로 배포했다. 〈김일성 총 맞아 피살〉이라는 큰 제목 아래 〈휴전선 방송〉, 〈열차 타고 가다 총격 받았다〉, 〈전방 북괴군 영내에 일제히 반기(半旗) 올려〉, 〈군부 중심 심각한 권력 투쟁 진행 중인 듯〉

과 같은 중간 제목을 달아 구체적으로 보도했다. 국내는 물론 전 세계를 놀라게 만든 충격적인 긴급 뉴스였다.

호외의 기사는 〈북괴 김일성이 총 맞아 피살되었거나 심각한 사고가 발생, 그의 사망이 확실시된다. 휴전선 이북의 선전 마을에는 16일 오후부터 반기가 게양되었으며, 휴전선의 북괴군 관측소 2개소에서는 이날 《김일성이 총격을 받아 사망했다》고 했고, 4개소에서는 《김정일을 수령으로 모시자》는 대남 방송을 했다〉는 내용이었다. 확인되지 않는 내용이 〈세계적 특종〉으로 둔갑해 호외로 발행된 것이었다. ○○ 언론사는 11월 18일 1면에 다시 〈김일성 피격 사망〉이라고 보도하고, 전체 발행 지면 12면 중 7면에 관련 기사를 실어 대대적으로 보도했다.

호외 발행 전날인 11월 16일, ○○ 언론사가 1면에 도쿄특파원발로 〈김일성 피살설 도쿄에 소문 파다, 사실 여부확인 못 해〉라는 제목의 기사를 실었지만, 이때만 해도 사실임을 단정하지 않고 루머일 가능성을 함께 보도했다. 하루 뒤 발행된 호외는 전날 지면의 루머를 사실이라고 단정한 보도였다. 해당 언론사는 호외에서 〈주말의 도쿄 급전…… 본지 세계적 특종〉이라고 보도했다.

하지만 해당 언론사가 12면 중 7면에 걸쳐 〈김일성 피격 사망〉 기사를 도배하다시피 게재해 발행한 11월 18일 오전, UPI 통신은 김일성 주석이 몽골 인민혁명당 잠빈 바트뭉흐 서기장 영접을 위해 평양 순안국제공항에 모습을 드러냈다고 평양발로 타전했다. 당일치 신문의 잉크가 마르기도 전에 총격으로 피격 사망했다는 김일성 주석이 평소와 다름없이 외국 정상을 공개적으로 만나는 활동을 하고 있다는 사실이 밝혀진 것이다. 한 언론이 세계적 특종이라고 보도한 기사는 오보였다.

〈김일성 총 맞아 사망〉 기사가 오보로 드러나자 해당 언론사는 오보를 인정하고 사과하는 대신, 〈대외 신뢰 실추 기도, 국민 불신 조장 등 노린 북한의 전략〉이라는 기사를 실어 북한을 비판하는 보도를 했다.

늘어나는 유튜브발 가짜 뉴스

앞서 예로 든 언론 보도는 대부분 국내외 언론사들이 제대로 사실 확인을 하지 않은 상태로 소문이나 대북 소식통의 말만 믿고 단정적으로 보도해, 오보가 된 사례들이다. 그런데 이런 오보들이 우리 사회에 적지 않은 영향을 끼치기는 했지만, 처음부터 언론사가 의도적으로 오보를 내려고 했거나 허위 왜곡 정보를 기사의 형식으로 퍼뜨리려고 한 것은 아니었다. 취재와 사실 확인 실패의 결과물이 오보로 나타났다고 할 수 있다. 독자와 시청자들은 결과적으로 오보로 드러난 이 기사들을 〈가짜 뉴스〉라고 부르기도 하지만, 언론사들이 해당 기사를 취재하고 보도하는 과정에서 〈가짜 뉴스〉를 만들려는 의도는 없다고 보아야 한다. 하지만 최근 인터넷에서 유통되는 북한 관련 정보 중에는 의도적으로 만들어진 〈가짜 뉴스〉가 적지 않다. 더욱이 모바일 환경에서 유튜브와 카카오톡, 페이스북, 틱톡 등 소셜 미디어가 대중적인 정보 이용 도구가 되면서 북한을 다룬 가짜 뉴스는 빠르게 늘어나고 있다. 언론사의 오보와 달리 악의적으로 조작하고 왜곡한 정보들이 뉴스와 정보로 둔갑해 유통되고 있는 것이다.

2018년 북한, 국민연금 200조 원 요구설

〈북한이 국민연금 200조 원을 요구했다〉는 가짜 뉴스는 2018년 8월 13일, 경상북도 소재의 부동산업체 홈페이지 게시판 글에서 시작되어 관련 카페와 사이트로 확산되었다. 이후 카카오톡 단톡방, 유튜브, 온라인 커뮤니티를 통해 끝없이 퍼져 나갔다. 특히 군 관계자는 〈북한 김영철이 문재인에게 국민연금 800조 원 중에 200조 원을 내놓으라고 그랬답니다. 통일부 장관을 통해서 그 이야기를 했다는 거예요〉라고 대중 집회에서 말했으며, ○○○도 〈국민연금 공단이 국민연금 800조 원을 북한과 통합하여 북한에 퍼줄 계획서를 작성했다〉는 내용을 페이스북에 올리며 논란을 키웠다.

하지만 이는 가짜 뉴스로 판명되었다. 국민연금 연구원이 2017년 통일을 대비해 남북한 국민연금 통합 문제를 연구한 보고서에서 통일을 전제로 검토한 시나리오의 일부분을 가짜 뉴스로 왜곡해 퍼뜨린 것이다.

2018년 ○○○ 남북 철도 추진위원장

2018년 12월, 국내 모 정치인이 〈문재인 정부에 이른바《화이트리스트》가 있다〉며, 〈그 사례로 방송인 ○○○ 씨가 남북 철도 추진위원장을 맡았다〉고 주장했다. 이 의원의 발언은 인터넷과 유튜브 등을 통해 빠르게 확산되었다. 하지만 ○○○ 씨가 위원장을 맡고 있다는 남북 철도 추진위원회라는 기구나 단체는 없었다.

○○○ 씨가 철도와 관련되어 맡은 직책은 〈동해 북부선 연결 추진위원장〉으로, 정부와 무관한 민간단체이다. 통일운동 시민 단체가 남북 철도 연결에 대한 국민적 관심을 높

이려는 취지에서 추진하는 사업이다. 연결이 끊긴 강릉-제진 구간 철길 약 110킬로미터를 이으면 부산-강릉, 북한 금강산-러시아 하산, 러시아 시베리아 횡단 선로를 지나 유럽 런던까지 갈 수 있다며, 남북 간 철도 협력을 주장해 온 해당 시민 단체는 이 중 강릉-제진 구간 철도를 잇는 데 필요할 것으로 예상되는 비용 2조 원의 1퍼센트를 시민 참여로 마련하자는 취지에서 추진위를 발족시켰다. 발족 당시 전 한국철도공사 사장인 이철 희망래일 이사장과 정세현 전 통일부 장관, ○○○ 씨가 위원장으로 위촉되었다.

2020년 정부, 북한에 몰래 마스크 퍼줬다

코로나19로 온 나라가 긴장과 불안 상태였던 2020년 5월 5일, 통일부는 〈정부는 코로나19 상황과 관련해 북한에 마스크를 지원한 사실이 없다〉고 공식 브리핑을 해야 했다. 5월 3일, 한 언론이 〈(단독) 북한 의료진이 한국산 마스크를? …… 우리 정부가 북한에 퍼줬다〉는 제목의 기사를 보도했다. 하지만 남쪽 업체가 생산한 마스크를 쓰고 있는 조선중앙TV 영상 자료만 있을 뿐, 정부가 북한에 마스크를 지원했다는 근거는 전혀 제시하지 않았다. 통일부는 〈정부는 코로나19 상황과 관련해 북한에 마스크를 지원한 사실이 없으며, 국내 민간단체가 마스크 대북 지원을 위해 반출 신청을 한 사례도 없다〉고 밝혔다.

하지만 유튜브에서는 마스크와 관련한 가짜 뉴스가 활개를 쳤다. 〈지난 4월 3일부터 북한에 보낼 마스크를 하루 100만 장씩 만들고 있다〉, 〈엄청난 양의 국산 마스크가 중국을 통해 북으로 들어갔을 가능성이 있다〉는 등 의혹을 제기했다.

북쪽 의료진이 한국산 마스크를 썼더라도 정부나 민간단체가 북한에 마스크를 지원한 적은 없다는 게 통일부의 반박이다. 북한 장마당에 한국산 상품들이 돌아다니는 것은 흔한 일이며, 코로나19 사태 이전에 중국을 통해 들어갔을 수도 있고, 다양한 경로가 있는 게 현실이다.

2
오보의 영향: 안보와 경제, 신뢰 훼손

북한 관련 오보는 사실과 다른 보도, 잘못된 보도를 한 특정 언론사의 신뢰도와 이미지가 추락하는 것에 그치지 않는다. 잘못된 정보를 기반으로 이루어지는 판단과 결정은 개인과 사회를 오해와 오판으로 이끌어 광범위한 피해를 가져온다.

언론의 보도는 나중에 오보임이 밝혀져 정정 보도와 제대로 된 사실 보도가 이루어진다고 해도 당사자와 관련자에게 상당한 피해와 부작용을 남긴다. 언론 보도에서는 최초의 보도가 중요하다. 최초의 보도가 오보일지라도 널리 보도되면 독자와 시청자에게 각인되기 때문이다. 비록 나중에 해당 오보를 바로잡는 정정 보도가 있어도 주목도와 효과는 크게 떨어진다. 실제로 신문과 방송 보도에는 오보를 바로잡는 정정 보도가 많이 실리지만, 충격적인 사실을 폭로하는 최초의 보도에 비해 정정 보도를 읽는 독자는 드물다. 그 결과 언론에 일단 보도되면 〈엎질러진 물〉이 되는 경우가 흔하다.

또한 잘못된 보도를 바로잡는 정정 보도가 이루어져도, 개인과 조직이 입은 피해는 좀처럼 회복되지 않는 게 현실이다. 거짓 폭로를 기정사실화해 보도한 잘못된 기사 때문에 이미지가 실추된 연예인이나, 〈공업용 쇠고기 기름 라면〉, 〈단무지 쓰레기 만두〉, 〈중금속 황토 팩〉의 사례처럼 언론의 보도가 나중에 법원에서 잘못된 보도로 판결이 나고 해당 기업들의 잘못이 없었음이 밝혀져도 피해는 거의 회복되지 않는다. 정정 보도의 주목도가 떨어질 뿐만 아니라, 사람은 한번 형성한 지각과 인지를 웬만해서는 잘 바꾸지 않는 성향이 있기 때문이다.

다른 분야에서도 잘못된 언론 오보는 피해를 가져오지만, 특히 북한 관련 오보는 사회의 다양한 영역에 광범위한 피해를 불러온다.

금융 시장 불안 등 경제적 영향

북한의 최고 지도자가 유고 상태이거나 피살되었다는 루머 및 미확인 보도가 나올 때마다 국내 금융 시장은 요동쳤다. 2020년 4월 21일, 미국 ○○ 언론사가 〈김정은 위원장 중태설〉을 보도한 당일 국내 주식 시장의 종합 주가 지수는 한때 3퍼센트 가까이 떨어졌고, 원-달러 환율은 20원 가까이 급등했다. 1986년의 김일성 주석 피살설을 비롯해 북한 최고 지도자의 유고설이 돌 때마다 주식과 외환 등 금융 시장은 큰 폭의 하락세를 보였다. 많은 국민들이 생필품 사재기에 나서며 사회적으로 공포와 불안이 확산되는 현상이 나타났다. 북한 주요 인사의 피살설과 건강 이상설이 오보와 루머라는 사실이 알려지면 일시적으로 하락했던 금융 시장은 대개 이전 상태를 회복한다. 하지만 오보로 인한 피해는 당일 금융 시장에서 잘못된 정보를 바탕으로 거래한 당사자에 그치지 않는다.

신뢰와 안정성을 요구하는 금융 시장과 시장 경제 시스템을 저해해 투자 심리를 위축시키기 때문이다. 나아가 국외 투자자들이나 외국 신용 평가 기관들이 한국에 대한 지정학적 리스크를 높이는 결과로 이어질 가능성도 있다. 오보로 인해 금융 시장이 요동치는 현상이 반복되면 〈코리아 리스크〉가 높아진다. 이는 수출 등 대외 의존성이 높은 한국 경제 전반에 부정적 결과를 가져올 수 있다.

국외 투자 자본은 투자의 기본 조건으로 자본 시장의 안정성과 신뢰를 요구한다. 루머와 오보에 의해 변동성이 높은 금융 시장의 예측 불가능성은 투자 신뢰를 훼손한다. 따라서 국내 금융 자산에 투자한 자본의 이탈이나 외면으로 이어질 수 있다. 당장은 금융 시장에 일시적 영향을 끼치는 루머와 오보에 불과하고 주가 지수는 시간이 지나면 회복되지만, 유사한 현상이 반복되면 외국의 신용 평가 기관들은 한국 경제의 신인도를 부정적으로 평가할 수 있다. 국가 위험도가 높은 나라의 신용 등급은 낮아지고, 이는 해외 투자 자본의 이탈로 이어져 국내 기업들의 해외 자금 조달 금리가 높아지게 된다. 특정 기업과 산업을 넘어 국가적인 경제 위축을 가져올 수 있는 환경이 되는 것이다.

안보 비용 증가

북한 관련 대형 오보는 금융 시장과 실물 경기 악화뿐만 아니라, 안보 비용을 높이는 결과를 가져온다. 지금까지 북한 관련 주요 오보들은 최고 지도자 신변 이상설, 당과 군의 고위 간부 등 주요 정치 지도자의 숙청설 및 처형설이 많았다. 대부분 남북 관계를 위협하고 북한 체제의 불안정성을 자극적으로 다룬 오보들이다. 북한 최고 지도자의 건강 이상설 및 피살, 대규모 폭동 또는 군사 쿠데타 관련 뉴스가 보도되면, 남쪽 시민과 사회는 해당 기사의 진실성 여부를 따지기보다 북한 체제에 대한 불안감을 갖게 된다. 내부적으로 체제 불안 요소를 안고 있는 정치 세력은 의도적으로 주변국과 마찰이나 분쟁을 일으켜 체제 불안을 해소하려는 경향을 띠기 쉽다. 실제로 북한 최고 지도자의 신변 이상과 관련해 주요 보도가 등장할 때마다 우리 정부와 군은 북한이 내부를 결집시킬 목적으로 국지적 도발을 일으킬 가능성에도 대비해 왔다.

2000년대에도 남북 간에는 연평해전과 연평도 포격 사건 등 우발적이고 국지적인 군사 충돌이 실제로 발생한 사례가 있다. 일단 남북 간에 군사적 충돌이 일어나면 비록 큰 피해 없이 종결된다고 하더라도, 충돌이 진행되는 즈음에는 긴장과 불안이 높아진다. 국지적 충돌이라고 해도 확전 가능성에 대비해야 하고, 전면전을 포함한 다양한 시나리오를 검토하게 된다. 무조건 강경한 군사적 대응을 요구하는 국내 여론도 만들어진다. 북한 관련 대형 오보나 가짜 뉴스도 상황에 따라 남북 간 무력 충돌에 버금가는 안보 불안 심리를 형성하는 효과가 있다.

북한 최고 지도자의 신변 이상설이나 폭동설 오보가 발생하면 군의 경계 태세는 평소 수준보다 강화될 수밖에 없다. 만약의 가능성에 대비하는 것이 군대인 만큼 신뢰도가 낮은 정보라고 하더라도 언론이 주요하게 다루고, 국민들의 불안이 고조되면 군은 평소보다 경계 수준을 높이게 된다. 종합적인 전략 차원에서 진행되고 있는 국방 자원과 예산 집행이 오보 및 이로 인한 여론의 영향을 받을 수 있다. 예정에 없던 특정 분야 대응을 위한 긴급한 자원 할당과 군사비 지출 요구가 생길 수 있기 때문이다.

오보는 군의 대응 태세를 강화시키지만, 장기간의 대응 태세 강화는 군 조직의 피로도를 높인다. 군대만이 아니라 잦은 오보와 그에 대한 군의 대응 강화, 추후 오보로 판명나는 사례가 반복되면 국민적 안보 불감증이 형성된다. 국민들이 북한 관련 뉴스에 대해 무감각해지고, 나아가 정부와 언론의 발표를 신뢰하지 않게 되는 현상이 일어난다. 민주주의 사회에서 대중적 여론은 오보와 가짜 뉴스에도 쉽게 영향을 받는 경향이 있기 때문에 북한 관련 오보는 많은 비용을 유발한다. 군사적 대비와 사회 여론 측면에서 오보와 가짜 뉴스는 실질적으로 안보를 저해하는 결과를 가져온다는 게 가장 큰 문제이다.

사회 갈등 격화

민주주의 사회는 사상과 표현의 자유가 보장되기 때문에 다양한 생각과 주장이 등장해 경쟁하고 갈등하는 현상이 불가피하다. 바람직한 민주주의 사회는 사실에 입각한 합리적인 의견을 중심으로 광범한 논의를 통해 구성원 대다수가 동의하거나, 수용하는 방안이 채택됨으로써 지배적 여론을 이룬다. 근거 없는 허위 정보와 거짓에 기댄 주장과 의견을 신봉하고 관철하는 사람들이 많은 사회에서는 민주주의의 취약점을 확대할 위험성이 있다.

한국 사회에서 시민들 사이에 첨예한 의견 대립을 보이는 대표적 영역은 북한에 대한 태도이다. 북한 체제를 공존과 평화의 대상으로 보는 사람들과, 흡수 통합 또는 제거의 대상으로 보는 사람들 간의 대립과 인식의 골이 깊다. 한국 사회가 당면한 핵심 과제 중 하나는 남북문제에 대해 서로 다른 인식의 골을 좁혀 나가는 방안을 마련하는 것이다.

북한 관련 오보는 북한을 둘러싸고 존재하는 한국 사회 집단 간의 갈등과 대립을 확대하고 격화시키는 역할을 한다. 특히 소모적이고 불필요한 측면은 북한 관련 오보가 사실에 입각해 이루어지는 합리적 토론과 대립이 아니라, 허위 사실에 근거해 치열한 공방을 만들어 낸다는 점이다. 허깨비를 놓고 벌이는 공방인 셈이다. 인터넷과 소셜 미디어 환경에서 이용자들의 정보 수용이 평소의 관념과 태도에 입각해 선택적으로 이루어지는 성향이 강해지고 있어, 허위 정보와 오보는 진위 여부와 관계없이 특정 성향의 집단에 의해 적극적으로 수용되는 현상이 나타나고 있다. 문제는 북한 관련 오보를 적극적이고 의도적으로 소비하는 사람들이나 집단이 생겨나, 언론에서 오보가 사라지거나 추방되는 대신 오히려 특정 집단에 의해 활용되는 현상이 등장할 수 있다는 점이다.

2000년 김대중 대통령과 김정일 국방위원장 간의 남북 정상 회담을 계기로 한국 사회에서 대북 정책을 둘러싼 집단 간 갈등이 본격화되고, 〈남남 갈등〉이라는 표현도 등장했다. 정부의 평화 공존 대북 정책에 반대하는 세력과 언론이 화해 지향 대북 정책의 균열과 정부의 무능을 드러내기 위해 허위로 대북 정보와 뉴스를 만들어 내고 활용하는 결과로 이어진다는 평가도 있다.[1] 북한 관련 오보와 허위 정

---

1   이우영, 「북한 관련 허위 정보의 사회적 영향과 대응」, 『북한 관련 허위 정보 실태와 대응』, 경남대 극동문제연구소, 2020.

보가 한국 사회에서 집단 간 갈등을 강화하는 요인으로 작동하는 배경이다. 주요한 정책 결정에서 대립하는 의견들 간의 토론과 조정을 통한 절차가 필수적인 민주주의 사회에서 잘못된 사실 인식을 기반으로 주장하는 집단의 존재는 합리적 토론과 타협을 훼방한다.

한국에 입국한 탈북민이 3만 3천여 명에 이를 정도로 증가하면서 유튜브, 종합 편성 채널 방송 등에서 탈북자에 의한 북한 관련 정보가 늘어나고 있다. 탈북자들에 의한 북한 정보는 생생하고 다양한 측면이 있지만, 왜곡되고 잘못된 정보의 유통도 증가하고 있다. 대표적 사례가 2020년 4월, 〈김정은 위원장 중태설〉에서 일부 정치인들에 의해 허위 정보가 확산된 경우이다. 입법 기능을 수행하는 국회의원은 영향력과 대표성이 큰 공인이다. 공인이 공개적으로 왜곡된 정보를 만들어 확산하는 역할을 하면 그에 대한 책임과 비판도 비례적으로 커지게 마련이며, 사회 통합을 저해하는 요인이 될 수 있다.

북한 관련 오보와 허위 정보는 남북 관계에만 영향을 끼치는 것이 아니다. 집단 간 갈등 비용을 높이고, 사회적 신뢰 기반을 훼손한다. 또한 합리적이고 민주적인 의견 수렴 절차를 방해하고 사회 통합을 어렵게 만들 뿐 아니라, 선진 사회의 필수적 요소인 사회적 신뢰라는 자산을 훼손하는 결과를 불러올 가능성이 크다.

남북 협상에서 불리한 빌미 제공

북한 관련 오보나 허위 정보는 상당 부분 엄밀한 검증과 확인 없이 보도되고 유포되는 경향이 있는데, 그 과정에서 언론이 선정적 접근이나 비정상적 표현을 동원해 취재 대상을 희화화하고 혐오스럽게 만드는 현상이 나타나기도 한다. 북한 최고 지도자를 연예인이나 유명인 동정처럼 단순한 호기심의 대상으로 격하시키는 행위와, 외모를 희화화하는 경우도 북한 관련 허위 정보와 오보에서 흔하게 등장한다. 이는 북한과 관련된 부정적 정보와 뉴스라면 진실성 여부에 관계없이 수용해 정치적 의도로 이용하려는 세력의 수요와 관련이 있으며, 이러한 풍토는 북한 대상 기사에 대한 검증과 보도 윤리를 낮춰 확인 취재 없는 보도를 남발하게 만든다.

사실이 아닌 정보 수준의 사항으로 북한 최고 지도자를 희화화하고 혐오 인물로 묘사하는 가짜 뉴스는 장기적으로는 남북 관계와 상호 신뢰를 훼손한다. 특히, 북한 정치 체제는 자신들이 최고 존엄으로 떠받드는 대상에 대한 이미지 훼손과 폄하를 민감하게 받아들이지 않을 수 없는 구조이다. 북한은 지금까지 다양한 남한발 오보와 가짜 뉴스에 대해 특별한 반응을 보이지 않았지만, 북한의 판단에 따라 태도를 바꿀 가능성이 있다. 북한의 군과 인민들에게 남한을 필요 이상으로 적대시하게 만드는 요인으로 작용할 수 있고, 이는 적대적 정책 결정이나 물리적 행동을 낳을 수 있다.

또한 남북 관계는 유동적이고, 정세 변화와 관계 진전에 따라 북한은 수시로 협상의 상대가 된다. 그런데 상대가 가장 민감하게 반응하는 영역에 대해 지속적으로 사실이 아닌 허위 정보를 이용해 폄하와 모욕을 가하는 현상이 진행되면, 협상에서 불리한 처지에 놓이게 된다. 다양한 조건을 놓고 협상을 벌여야 하는 상황에서 허위 정보의 존재는 상대에게 빌미를 제공하는 셈이다. 협상 과정에서 사실이 아닌 정보와 오보를 방치하고 키워 온 것에 대해 필요 이상의 대가를 지불하는 일이 생길 수도 있다.

북한 관련 오보의 이유와 배경

왜 우리 뉴스에는 북한과 관련한 잘못된 보도와 허위 왜곡 정보가 유난히 많은 것일까? 북한 최고 지도자들을 비롯해 주요한 인물들이 피살되거나 처형되었다는 기사가 오보로 밝혀질 때마다 이를 보도한 언론사와 기자들은 왜곡 보도라는 비판을 받고 매체 신뢰도가 떨어진다. 그런데 이런 비슷한 경험을 여러 차례 반복하면서도 닮은꼴 오보는 왜 사라지지 않고 되풀이되는 것일까?

기자와 언론사들이 북한과 관련해 잦은 오보를 내는 것은 우연이 아니다. 고유의 원인과 배경이 있다. 무엇보다 잦은 오보의 주된 이유는 북한 사회의 폐쇄성과 특수성 때문이다. 일반적인 방식으로는 취재가 불가능하고, 주요 뉴스 대상에 대한 접근이 거의 허용되지 않는 북한 사회의 언론 취재 환경이 잦은 오보의 1차적 배경이다.

하지만 북한 사회의 폐쇄성과 특수성이 언론의 오보를 만들어 내는 절대적 요건은 아니다. 북한은 언론사의 취재 대상이긴 하지만, 북한이 수많은 국내 언론들에 오보를 전달하거나 강요하는 것은 아니기 때문이다. 언론 활동은 언론사마다 자체적인 취재와 판단 과정을 거쳐 기사로 보도하는 행위이다. 북한과 관련된 특정 사안에서 남쪽의 모든 언론사가 동일하게 오보를 내거나 정확한 보도를 하는 것도 아니다. 한국 언론사들 중에는 북한 주요 인사의 숙청과 처형을 보도하고, 얼마 뒤에 〈실제로는 살아서 활동 중〉이라며 기존 보도를 뒤집는 오보를 유난히 자주 내는 곳들이 있다. 이는 오보의 발생이 폐쇄 사회인 북한 때문만이 아니라는 것을 보여 준다. 언론사의 자체적인 취재 관행과 편집 방향, 그리고 오보 판별 이후의 태도 등이 오보 발생과 관련이 깊다.

이 장에서는 북한 관련 보도에서 오보가 잦은 이유를 몇 가지 관점으로 나누어 살펴본다.

1
북한 사회의 특수성과 북한의 언론

북한은 건국 이래 최고 지도자가 3대째 세습을 유지하고 있는 특수한 정치 체제의 국가이다. 최고 지도자를 중심으로 하는 유일 지배 체제이고, 당과 정부 조직도 최고 지도자의 판단과 결정을 수행하는 주체로서 의미를 갖는다.

이런 전체주의 폐쇄 사회인 북한에서 언론의 역할과 구성은 서방 국가의 그것과는 크게 다르다. 기본적으로 북한에서는 언론과 표현의 자유가 보장되지 않고, 자유롭고 독립성을 지닌 언론도 없다. 사실상 당과 정부가 운영하는 정치적 선전 목적의 관영 언론만 존재할 뿐, 민영 언론은 아예 존재하지 않는다. 북한의 언론은 북한 체제 수호의 선봉대로, 최고 지도자의 권위를 옹호하고 찬양하는 것이 기본적 업무이다.

북한에도 여러 종류의 언론이 있다. 북한 언론에 뉴스를

2장 북한 관련 오보의 이유와 배경

공급하는 대표적 뉴스 공급원은 북한 유일의 통신사인 조선중앙통신이다. 조선노동당(이하 〈노동당〉)과 정부의 입장을 대내외적으로 대변하는 통신사이다. 북한 노동당이나 정부가 내놓는 중요한 결정과 발표를 제일 먼저 공개하는 기능도 수행한다. 조선중앙통신이 당이나 정부의 성명을 발표하면, 북한 내 다른 신문과 방송이 이를 기반으로 보도하는 경우가 일반적이다. 남쪽의 기간 통신사인 연합뉴스처럼 해외의 주요 뉴스를 번역해 국내에 소개하고, 다른 언론사들이 이를 활용하도록 하는 기능을 수행한다. 전국 곳곳에 기자들을 파견하고 있으며 중국, 러시아, 인도, 쿠바, 이란, 이집트 등에 지사를 설치해 특파원도 상주시키고 있다. 또한 번역국이 있어 주요 외국 언론의 보도를 번역해 북한 언론에 소개하고, 북한 기사를 영어, 일어, 스페인어 등 외국어로도 서비스해 외부 세계에 북한의 입장을 알리는 역할도 한다.[1]

조선중앙 TV와 조선중앙방송은 북한 주민들을 대상으로 각각 텔레비전 방송과 라디오 방송을 내보내는 언론이

---

[1]   장용훈,「북한의 창으로 북한을 보다」,『북한 취재 보도 가이드』, 평화문제연구소, 2017.

다. 라디오인 조선중앙방송은 한국어, 중국어, 러시아어, 일본어, 프랑스어, 스페인어, 독일어, 아랍어 등 여러 언어로 해외 방송을 내보낸다. 또 다른 라디오 방송인 평양방송은 북한 주민이 아닌 남쪽 주민을 대상으로 한 대남 방송이다. 평양방송의 내용은 북한 체제를 선전 및 찬양하고, 남한 체제를 비난하는 것이 대부분이다.

『노동신문』은 북한의 집권 정당인 조선노동당의 대표 기관지로, 북한 정부의 공식적인 발표와 관점을 보도한다. 연중무휴로 약 150만 부가 발행되는 일간 신문으로, 북한의 대표적 신문이다. 『민주조선』은 최고인민회의 상임위원회 및 내각의 기관지로, 주로 북한의 정책적 입장을 담고 있다. 『조선신보』는 일본에서 발행되는 재일본조선인총연합회(조총련)의 기관지로, 북한이 내부 소식을 외부로 알리는 창구 역할도 한다. 『우리민족끼리』는 북한 조국평화통일위원회(조평통)가 중국 선양에 본부를 두고 2003년 4월 1일부터 조평통의 성명과 담화의 내용을 게시하고, 자체적으로 만든 기사와 사진들을 싣고 있는 인터넷 사이트이다. 국내에서는 〈이적 사이트〉로 분류되어 일반인의 접근이 차단되어 있지만, 북한의 대외 선전용 메시지를 전달하는 역할을 한다.

북한에도 이처럼 통신, 방송, 신문, 인터넷 등 다양한 형태의 언론이 있지만, 공통된 사항은 모두 당과 정부의 선전 도구라는 점이다. 북한 언론은 당과 정부가 주장하는 내용, 선전하고자 하는 내용을 전달하는 도구이지, 서방 세계의 일반적인 언론처럼 뉴스 가치가 있고 사람들이 알고 싶어 하는 정보를 보도하는 역할을 하지 않는다. 통상 언론은 주요한 사안을 사실에 입각해 보도하고, 사회의 다양한 측면에 대한 정보를 제공하는 기능을 수행한다. 이용자에게 정보를 제공하는 것이 기본 역할이지만, 동시에 해당 사회를 외부 세계에 알리는 역할도 수행한다. 직접 가보지 않은 나라라도 그 나라에서 발행되는 신문과 방송을 충실하게 모니터링하면 해당 사회에서 어떠한 일이 일어나고 있으며, 시민들이 일반적으로 어떠한 생각을 갖고 행동하는지를 파악할 수 있다. 하지만 북한 사회의 경우 북한에서 발행되고 방송되는 신문과 방송을 보아서는 그 실상을 제대로 파악할 수 없다. 당과 정부가 홍보하려는 내용만 당국의 관점으로 보도되기 때문이다. 그만큼 북한과 주민들의 실상은 외부 세계에 진실된 모습이 알려지지 않고 있다.

한편 2020년 여름, 북한의 텔레비전 방송이 홍수와 태풍 피해를 적극적으로 전달하기 위해 물난리 현장에 기자와 아나운서가 직접 뛰어들어 생생한 중계방송을 진행하는 장면이 알려져 흥미를 끌었다. 북한 언론의 새로운 변화이지만 북한의 실상을 외부 세계에 적극적으로 알리는 차원이 아니라, 재난 피해 상황에서 주민들을 위한 정보 제공과 내부 결속 강화 목적의 방송이었기 때문에 이를 북한 언론의 전반적 변화라고 보기는 어렵다. 여전히 북한은 외부에 적극적으로 정보를 공개하지도, 취재에 응하지도 않는다.

그 결과, 북한은 국제 인권 감시 단체나 언론 자유 감시 단체들이 발표하는 〈언론 자유도〉에서 세계에서 가장 언론의 자유가 낮은 나라로 조사되고 있다.

미국의 국제 인권 감시 단체 프리덤 하우스Freedom House가 해마다 발표하는 언론 자유 조사에서 북한은 줄곧 언론 자유도가 최악인 나라로 선정되어 왔다. 프리덤 하우스는 2019년 6월, 「자유와 언론: 지속적인 악화」 보고서에서 195개국과 14개 지역의 2018년 언론 상황을 조사해 발표했다. 0~4점으로 분류하는 평가에서 점수가 높을수록 언론 자유가 높은데, 북한은 0점을 받았다. 북한은 이 단체의 조사가 시작된 1980년부터 해마다 언론 자유 순위 최하위 국가군에 포함되고 있다

국경 없는 기자회(RSF, Reporters sans frontières)의 조사

에서도 유사한 결과가 나타난다. 2020년 6월, 국경 없는 기자회가 발표한 「2020년 세계 언론 자유 지수」 보고서에서 북한은 조사 대상 180개국 가운데 최하위인 180위를 차지했다. 이 단체는 북한이 2019년 조사에서 2018년과 2019년 북미 정상 회담 기간 동안 외관상으로나마 외국 언론들에 개방적 태도를 취하며 한 계단 오른 179위를 차지했지만, 2020년에는 이전의 자리로 돌아왔다고 평가했다. 북한은 2002년부터 발표된 국경 없는 기자회의 국가별 언론 자유 지수 보고서에서 매년 최하위 또는 최하위에서 두 번째 순위를 기록해 왔다. 이 단체는 2020년 보고서에서, 북한에서는 당국이 거의 모든 정보 전달을 통제할 수 있다며, 외국 특파원들이 북한 당국의 코로나바이러스 관련 방역 조치를 조사하는 것이 허용되지 않는다는 점도 지적했다.

2
북한 정보에 대한 수요

정보에 대한 접근이 자유롭지 않고 주요한 사실이 외부로 공개되지 않는 북한 사회의 실상에 대한 높은 정보 수요가 있다. 특히 전쟁과 식민 지배를 겪은 역사를 통해 북한과 여전히 뿌리 깊은 대립과 긴장 관계에 있는 한국과 일본에 서는 북한을 향한 강한 정보 수요가 상존하고 있다.

한국의 경우 과거 냉전 시기와 군사 독재 정권의 권위주 의 사회에서 북한에 대한 정보 수요는 주로 안보와 관련된 사항이었고, 대북 정보의 주된 공급처는 정부 조직이었다. 남북 대결이라는 정치 상황 속에서 정부는 언론을 통제하 며, 중앙정보부 등의 국가 보안 정보 기구를 통해 북한에 관한 대부분의 정보를 통제했다. 북한에 대한 정보는 대부 분 국가 기구 및 국가가 통제하는 방송과 신문 같은 언론을 통해 공급되었다. 국가는 북한에 관한 정보와 여론을 사실

2장 북한 관련 오보의 이유와 배경

상 독점하고 통제해 왔다.

민주화 시기 이후 북한에 대한 접근과 정보 공급 루트도 다양해졌다. 2000년 김대중 대통령-김정일 국방위원장 간의 역사적인 남북 정상 회담이 개최되는 등 남북 관계가 진전되고 남북 간 접촉과 왕래가 늘어남에 따라, 과거 안보 위주의 정보 수요에서 북한 사회의 여러 영역으로 정보 수요가 증가하게 되었다. 남북 관계 진전과 교류 확대에 따라 북한에 대한 남쪽의 정보 요구가 높아졌지만, 북한 사회의 폐쇄성과 언론 통제는 거의 달라지지 않았다.

인터넷을 대표하는 디지털 기술과 세계화의 흐름은 21세기 들어 거대한 변화를 만들어 냈고, 북한 사회 또한 예외가 아니었다. 통신 기술이 발달하지 않았던 과거와 달리 북한 사회도 변화는 불가피했다. 핵 실험과 탄도 미사일 개발 등 군사 정보에 대한 관심도 높지만 북한 사회에 휴대 전화, 스마트폰이 도입되어 주민들이 활용하는 상황이나 장마당 등에서 이루어지는 경제 활동에 관한 정보도 북한 정부의 발표나 북한 여행객 등에 의해 단편적으로 전해졌다. 북한 사회의 변화는 과거에 없던 새로운 정보 수요로 이어졌다. 북한 정보의 생산과 유통을 주도하는 주체가 정부와 정보기관 위주에서 민간 위주로 바뀌게 된 배경이다.

이런 정보 유통 환경의 변화에서 탈북자들은 상당한 역할을 담당하게 되었다. 북한과 왕래가 활발한 중국 동북 지역의 조선족 동포나 국내에 입국하거나 중국에 거주하는 탈북자들로부터 북한에 관한 정보 공급이 늘어났다. 2020년 기준 남한에 거주하는 탈북자는 약 3만 3천 명 수준이다.

북한 관련 정보에는 한국, 일본, 미국 등 주변국이 외교와 안보 차원에서 상시적으로 수집하는 정보가 있다. 정보기관들은 공식 및 비공식 루트를 통해 북한에 관한 정보를 수집하는데, 정보원 등 사람을 통한 인적 정보(휴민트 HUMINT)와 위성 사진과 통신 감청 등 기술을 활용한 신호 감청 정보(시긴트SIGINT)로 구분된다. 한 종류의 정보만으로는 오판 가능성이 높아, 정보기관에서는 다양한 형태의 정보를 종합적으로 고려해 판단을 한다. 2020년 김정은 국무위원장의 건강 이상설에 대해 한국 정부는 일관되게 〈특이 동향이 없다〉고 대응했다. 결과적으로 한국 정부가 정확한 판단을 내린 데에는 정부가 확보한 대북 신호 감청 정보상 특이점이 발견되지 않았기 때문이라고 볼 수 있다. 북한에서 최고 지도층 관련 비상사태가 발생하면 관련된 정보의 방향과 흐름, 절대량에서 변화가 생기기 마련인데, 특이 현상이 관찰되지 않았다는 점은 일각에서 유고설을 주장해도 종합적 관점에서는 신뢰성이 낮다고 판단하게 된 배경이다. 이처럼 정부의 정보기관들이 전문적 정보 채널을 통해 가장 풍부한 대북 정보를 보유하고 분석하고 있지만, 정보기관의 대북 정보는 일반적으로 외부에 공개되지 않는다. 애초 정보기관의 대북 정보 수집은 정부가 안보 및 외교적 판단과 활동에 활용하기 위한 것이지 일반 공개를 목적으로 한 게 아니다.

대북 정보를 획득하려는 강한 정보 수요가 있지만 공급이 부족한 상황은 북한 관련 정보의 생산과 유통 및 판매가 이루어지는, 일종의 시장을 만들어 냈다. 탈북자들의 일부는 북한 사회에서 생활해 북한 체제와 문화에 대한 경험과 이해를 가지고 있고, 북한에 있는 가족이나 친지 등과 연결될 가능성이 있다는 점을 활용해 북한 정보 시장에서 주요한 역할을 담당하고 있다. 탈북자들 가운데 일부는 북한 민주화 운동, 인권 운동 관련 단체나 조직을 만들어 활동하며, 이를 기반으로 북한 정보 유통 장사에 나서는 경우도 있다. 이러한 활동을 하는 단체에 미국, 일본 정부와 정보기관에서 북한 관련 정보 제공을 조건으로 보조금과 지원금 등 경제적 지원을 하면서 일종의 북한 정보 유통 산업이 만들어지기도 했다. 일부 단체는 미국 정부로부터 매년 수백만 달러의 보조금을 받고 있다.

　탈북자들은 북한 사회와의 연계성을 기반으로 국내외 언론에 북한 관련 소식을 전해 주는 〈대북 소식통〉, 〈북한 소식통〉의 역할을 하고 있다. 중국 국경과 붙어 있는 북중 접경 일부 지역에서는 중국 휴대 전화를 이용해 통신을 할 수 있는 환경이고, 이를 북한 당국이 완벽하게 막기는 어렵다. 중국과 러시아 접경 지역 위주로 인적 교류도 있고, 통신을 통해 북한 내부 상황이 외부로 전달될 수 있는 여건이다. 또한 탈북자들이 북한 관련 매체들에 참여하거나 주도하는 것은 물론, 기자 등 언론인으로 활동하는 경우도 적지 않다.

　탈북자들이 북한 사정을 잘 알고 있으며, 가족이나 친지를 통해 간접 정보 수집도 가능하다는 점에서, 이들은 북한 정보를 필요로 하는 정보기관과 언론사들에 주요한 정보 공급원 역할을 한다. 〈북한 소식통〉을 통한 북한 정보의 상당 부분이 탈북자 또는 이들과 연결되어 공급되는 구조이다. 그런데 앞서 살펴본 북한과 관련된 수많은 오보들의 공통점은 대부분 이름과 신분을 밝히지 않은 익명의 〈북한 소식통〉들을 취재원으로 삼아 만들어진 기사들이라는 것이다. 오보를 낸 기자와 언론사가 취재 없이 상상력을 발휘해서 고의적으로 오보를 작성한 것이 아니라, 나름대로 취재한 결과이다. 오보 사례들을 살펴보면, 〈북한 소식통〉이 전해 준 정보가 상당 부분 정확성이 결여되어 있다는 점을 결과적으로 확인하게 되는 경우도 많다.

이런 〈북한 소식통〉을 통한 오보는 탈북자가 전달하는 북한 정보의 신뢰성과도 관련이 있다. 우선 탈북자들은 북한 체제를 부정하고 북한 사회를 떠나온 사람들로, 북한 체제에 대해 깊은 반감을 지닌 경우도 있다는 점을 염두에 둘 필요가 있다. 한 탈북자 출신 언론인은 이러한 탈북자의 북한 체제에 대한 반감이 북한에서 일어나는 대부분의 사건이나 사회적 현상은 물론, 자연재해까지도 북한 정부의 잘못으로 보는 경향을 갖게 한다고 말한다.[2] 이 탈북 언론인은 〈이는 한국 사회를 알지 못하는 북한 주민들에게 연쇄살인, 노조 갈등 등 남한 사회의 부정적 요소들만 취재해 《남조선 인민들은 자유와 존엄을 보장받지 못하고 자본의 노예로 산다》고 선전하는 북한의 현실과 비슷하다〉고 말

---

2   최승철, 「북한 가짜 뉴스는 어떻게 만들어지는가」, 『오마이뉴스』, 2020년 5월 7일.

한다.

　탈북자를 통해 유통되는 정보의 정확도가 떨어지는 이유에는 북한 사회 고유의 폐쇄성도 있다. 정보가 자유롭게 유통되지 않는 북한 사회에서는 개인이 자신의 분야가 아닌 다른 영역에 대한 정보를 취득하기가 매우 어렵다. 특히 일반인이 당과 군 고위층의 신변이나 건강 상태처럼 북한 정부가 접근을 허용하지 않는 기밀성 정보에 접근한다는 것은 극히 힘든 일이다. 북한 사회 안에서 최고 통치자의 신변과 건강에 관한 사항은 극비이고, 그 정보에 접근할 수 있는 사람은 극소수에 불과하다. 접경 지역 주민을 통해 전달되는 북한 내부 정보 또한 해당 지역에 국한된 정보이고, 평양 등 북한 정치의 핵심 정보와는 거리가 먼 경우가 적지 않다.

3
북한 관련 오보의 구조적 요인

　북한 보도에서 오보가 많은 배경에는 북한 사회의 특수
성 등 여러 요인이 복합적으로 얽혀 있지만, 오보는 기사를
작성하고 발행하는 언론사가 최종적 책임을 져야 한다. 물
론 언론사가 처음부터 의도적으로 오보를 내는 경우는 거
의 없다. 따라서 언론사가 북한 대상 보도에서 유난히 자주
오보를 한다면, 언론에 오보를 만들어 내는 일종의 관행과
구조적 요인이 있음을 의미한다.

신문의 구성: 사실 보도(뉴스)와 의견(여론)

오보의 구조를 이해하기 위해서는 먼저 언론의 취재 보도
과정을 살펴보고, 어느 단계에서 문제가 발생하는지를 들
여다봐야 한다.

　언론 보도, 즉 뉴스는 새롭게 발생한 수많은 사건·사고,

현상 중에서 보도할 가치가 있고 사람들의 관심이 높은 것을 주된 대상으로 한다. 이를 뉴스 가치라고 한다. 시·공간적 근접성, 최초성, 중요성, 특이성 등이 뉴스 가치를 결정하는 요인이다. 이런 점을 감안할 때, 군사적으로 대치하고 있어 한국 사회에 큰 영향을 끼칠 수 있는 북한 관련 정보는 기본적으로 높은 뉴스 가치를 지니고 있음을 알 수 있다. 뉴스 가치가 높은 만큼 북한 대상 주요 정보는 당연히 언론의 주된 보도 대상이 된다.

언론이 뉴스 가치가 높은 주제를 찾아내 보도하기로 결정하면 다음 단계는 취재다. 언론의 취재는 기사를 작성하기 위한 기초 과정이다. 뉴스는 새로이 확인한 사실을 다루는 게 특징이라는 점에서 사실을 수집하고 확인하는데, 이것이 취재 활동이다. 확인을 거친 새로운 사실의 전달이 기사의 핵심이다.

신문은 크게 두 종류의 콘텐츠로 구성된다. 뉴스 지면과 의견 지면이다. 뉴스 지면에는 정치, 경제, 사회, 스포츠, 문화, 오락 등 다양한 영역에서 사실적 정보를 싣는다. 의견 지면은 사설, 칼럼, 기고, 독자 편지 등 주장이 실린 글을 게재한다. 의견 지면에 실리는 글들은 새로운 사실을 취재한 것이라기보다, 글 쓴 사람이 논리를 전개해 나가며 자신의 생각과 주장을 펼치는 글이다. 칼럼에서 그때까지 세상에 널리 알려지지 않은 새로운 사실을 제시할 수도 있지만, 이는 예외적인 경우이다. 신문에 실리는 대부분의 의견 글은 새로운 사실을 포함하지 않는다.

언론 취재의 특성: 사후성, 간접성, 주관성

뉴스 기사는 새롭고 의미 있는 사실을 포함해야 한다. 그래서 취재가 필수적인데, 언론의 사실 취재는 몇 가지 특징이 있다. 사후적이고, 간접적이며, 주관적으로 이루어지고, 취사선택되어 제한된 분량의 문장과 영상으로 압축된다는 점이다.

언론이 취재에 나서서 사실을 확인하는 것은 대부분 사건이 발생한 다음이다. 예를 들어 지진이 났거나 건물이 불에 타고 살인 사건이 일어난 경우를 보면, 언론이 취재에 나서는 때는 대부분 상황이 종료되거나 주요한 사건은 이미 지나간 상태이다. 다른 영역도 비슷하다. 경찰이 사건을 수사하고 법정에서 재판을 하는 경우, 핵심은 가능한 한 사실에 가깝게 〈실체적 진실〉을 〈재구성〉하는 것이다. 언론의 취재도 사후적으로 사실을 재구성하는 행위이지만, 경찰이나 법원 등과 달리 언론은 공권력을 동원한 강제 집행력을 갖고 있지 않다. 또한 언론은 다른 사법 및 행정 기관처럼 직접 혐의자나 관련자, 증인을 강제 소환해서 조사하고 증거 물품을 압수해서 분석할 수 있는 권한도 갖고 있지 않다. 언론의 취재는 관련된 사람들의 증언이나 제보 협조 등 간접적 방법을 통해서 사실을 재구성할 수 있을 따름이다. 언론의 취재를 통한 사실의 재구성은 특정한 관점을 가진 언론과 기자에 의해 선별적 취사선택의 과정을 통해서 이루어진다. 기사는 〈육하원칙〉 등 사실적 요소들로 구성되지만, 기본적으로 기자와 언론사가 관점에 따라 걸러 낸 주관의 소산이다. 이는 특정 성향을 지닌 언론만의 문제가 아니라, 모든 언론에 동일한 상황이다. 언론의 보도 행위 자체가 사람의 판단에 따른 것이라는 점에서 언론 보도는 사실상 백 퍼센트 객관적일 수 없고, 일정 부분 주관적 행위의 성격을 띨 수밖에 없다.

취재 활동에서 〈취재원〉의 역할

언론이 보도하는 뉴스 기사는 의견 글과 달리 새로운 사실, 즉 〈팩트〉를 담고 있어야 하는데, 앞서 살펴본 것처럼 언론의 취재 활동은 기본적으로 사후적, 간접적, 주관적이다. 뉴스 취재는 과학자의 실험처럼 반복 가능한 물리 현상을 대상으로 하는 것이 아니라, 대개는 이미 발생한 사건이나 사회 현상을 대상으로 한다. 홍수 피해 현장이나 프로 야구 경기장처럼 현장 중계와 동시에 취재를 하는 경우도 있다. 하지만 이 경우에도 기자 한 사람이 전국의 모든 수해 현장의 피해 현상을 동시에 파악할 수 없고, 야구 경기에서 일어나는 모든 플레이를 한눈에 파악해 기사화할 수 없다. 정부의 재난 대책 본부가 발표하는 자료나 프로 야구 경기 기록을 통해 전체적인 윤곽과 통계를 파악해서 기사화하게 된다. 즉 기자가 현장을 취재하는 경우에도 그 취재 내용은 일부분에 불과하고, 전체적인 윤곽을 파악하기 위해서는 해당 분야의 전문가와 자료에 의존할 수밖에 없다. 기자의 취재는 자체적으로 수집한 자료와 함께 관련자, 전문가 인터뷰 등 간접적 자료를 통해 구성된다.

언론의 취재란 사건·사고가 발생한 경우 당사자 또는 핵심 관련자를 통해 파악한 주요 사실들을 재구성해서 문장과 영상의 형태로 전달하는 행위이다. 언론 취재에서는 관련자에 대한 취재와 인터뷰가 핵심이다. 사건이 이미 발생해 결정적 순간이 지나간 상황에서 그 사건을 가장 잘 재구성하는 방법은 현장을 목격한 사람, 또는 그 분야에 대한 전문성을 지닌 사람을 인터뷰하는 일이기 때문이다. 언론에서는 이러한 관련자 또는 자료를 〈취재원〉이라고 통칭한다. 취재의 상당 부분은 취재원에 의존한다. 정부 각 부처와 주요 기업, 조직들은 언론의 취재와 문의에 대응하면서 답변해 주는 공보 및 홍보 조직을 운영하고, 이는 언론의 취재원으로 기능한다.

기사의 신뢰도는 기사에 드러나 있는 취재원과 취재 자료의 신뢰도에 절대적으로 의존한다. 기사의 객관성과 신뢰도를 확보하기 위한 언론의 노력을 구체화한 것이 기사의 육하원칙(5W1H)이다. 기사가 다루는 범죄 사건이나 화재 사고 등을 과학 실험처럼 제3자가 그대로 재현하는 것은 불가능하다. 하지만 기사에서 누구나 확인할 수 있는 객관적 요소들로 명기하면 검증이 용이하다. 누가(who), 언제(when), 어디서(where), 무엇을(what), 어떻게(how), 왜(why) 했는가를 기사에 명확히 밝히도록 한 원칙이다. 육하원칙의 요소를 갖추고 있으면 기사의 구체적인 내용을 파악할 수 있고, 보도 내용이 맞는지 틀린지를 검증하기 쉽다. 과학 실험처럼 반복적으로 재현할 수는 없지만, 기사 내용에 대해 확인과 검증이 쉽도록 만들어 객관성과 신뢰성을 확보하는 장치다. 기사의 신뢰성은 또한 취재원의 신분과 신뢰성에 절대적으로 의존한다. 취재원은 실명 인용이 어려운 경우가 아니라면 실명과 구체적 직위가 기사에서 드러나야 한다. 신뢰도 높은 외국의 권위지들은 취재원의 실명 인용이 원칙이다. 자신의 직위와 이름을 밝히고 한 발언에서 〈거짓말〉이나 〈루머〉를 전하기는 어렵다.

익명의 〈북한 소식통〉

그런데 북한을 대상으로 한 취재의 경우에는 언론을 위한 창구와 취재원 자체가 기본적으로 존재하지 않는다. 관련자를 통해 사실을 확인하고 검증해서 보도하는 것이 언론의 취재 활동인데, 북한 관련 정보를 확인해 줄 공식 취재원은 없다. 언론의 취재는 사실의 수집과 확인 과정인데, 북한을 대상으로 한 취재에서는 대부분 사실 확인이 불가능하다. 북한 당국이 발간하는 관영 언론의 보도 내용이 북한에 관련된 사실을 확인할 수 있는 정확도 높은 취재 자료이다. 그런데 북한의 관영 언론들은 정치적 선전을 목적으로 발간된다. 즉 정권이 홍보하고 싶은 내용 위주로 보도할 뿐, 외부 세계에서 궁금해하는 내용을 거의 싣지 않는다. 언론이 신뢰도와 정확도가 떨어짐에도 탈북자와 같은 북한 체제 주변의 사람들을 취재원으로 활용하게 되는 배경이다.

또한 앞서 살펴본 것처럼 취재원으로서의 탈북자는 북한 체제 특성상 핵심 정보나 기밀 내용에 접근하기 어려우며, 확인하기 어려운 뜬소문을 전하는 경우가 있다. 기사에서 취재원은 실명 인용이 기본이지만, 북한 관련 보도에서는 대부분 익명의 〈북한 소식통〉이 취재원으로 등장한다. 남북 관계의 특수성이나 탈북자의 신변 위협 등의 환경은 다른 기사와 달리 북한 기사에서 익명의 취재원이 불가피한 측면도 있다. 하지만 작성한 기자 외에는 기사 속 〈북한 소식통〉이 누구인지 확인할 수 없는 상황이 기사의 신뢰도를 떨어뜨린다. 취재원의 낮은 신뢰도와 기사 내용에 대한 확인 불가능성은 오보의 확률을 높인다. 실제로 오보로 드러난 기사의 대부분은 〈익명의 북한 소식통〉발이다.

4
북한 정보의 정치적 이용이 만드는 오보

북한 기사의 잦은 오보의 배경에는 기사를 이용해 자신들의 정치적·경제적 이해를 도모하려는 사람들도 있다. 북한에 대한 정보 수요가 높은 상황에서 북한 정보를 확보한 집단은 마음먹기에 따라 이를 활용해 여론이나 정치 지형에 영향력을 행사할 수 있고, 경제적 이익의 도구로 활용할 수도 있다.

정보기관이 인적 정보와 신호 감청 정보 수집 등을 통해 파악한 북한에 관한 다양한 정보는 국익을 위해서 신중하게 활용되어야 한다. 하지만 정권에 따라 대북 정보를 선거나 여론 형성 등 국내의 정치적 목적을 위해 활용하고 조작하는 경우가 있다. 박정희-전두환으로 이어지는 군사 독재 정권 시기에는 정치적 고비마다 정권 지지율 확보 차원에서 대북 정보를 정치적으로 이용해 왔다. 대규모 간첩단 발표나 북한의 군사적 동향 등을 민감한 시기에 발표해 시민들의 안보 불안 심리를 자극한 경우가 흔했다. 앞 장에서 다룬 1986년의 〈금강산 댐 서울 수공 계획〉이 대표적 사례이다.

정부와 정보기관이 여론을 특정한 방향으로 유도하기 위해 북한 관련 뉴스를 공개했는데, 오보가 된 것으로 보인다. 북한에 관한 신뢰할 수 있는 정보가 부족한 상황에서 국가 기관이 제공하는 정보나 설명은 언론에 의해서 주요하게 다루어지게 마련이다. 정치적 목적이 개입해 부정확한 정보가 언론에 제공되면, 문제는 북한 관련 오보 사례 추가에 그치지 않는다. 정부가 발표하거나 제공하는 북한 관련 정보의 신뢰성이 하락할 뿐만 아니라, 정부가 대북 정보를 정치적 목적으로 활용한다는 사실을 드러내게 되어 안보에 관해 국민적 불신을 형성하게 만들 위험이 있다.

국가 기관에 의한 북한 관련 정보 조작은 류우성 씨의 간첩 조작 사건에서 문제된 바 있다. 2004년에 탈북한 재북 화교 출신 류우성 씨가 2011년 서울시 공무원으로 특채된 뒤 국내 탈북자 2백여 명의 정보를 북한에 넘겨준 혐의로 기소되었으나, 재판 과정에서 국가정보원 쪽의 증거 조작으로 드러난 사건이다. 2013년 1월, 류 씨는 간첩 혐의로 체포되어 구속 기소되었지만, 재판 과정에서 국정원이 간첩 활동의 증거로 제출한 중국 정부의 문서가 국가정보원 쪽에 의해 위조된 사실이 드러났다. 류 씨는 관련 혐의에 대해 최종적으로 무죄 판결을 받았고, 증거 조작에 가담한 국정원 직원들은 구속되는 등 처벌을 받았다. 북한에 대해 가장 종합적이고 풍부한 정보를 갖고 있는 국가 기관이 이를 정치적으로 활용한 결과는, 언론의 북한 오보와는 차원이 다른 피해와 불신을 낳고 사회와 국가 차원에서 막대한 손해와 비용을 지불하게 만든다.

5
오보에 사과하지 않는 언론의 무책임한 태도

북한 관련 보도의 문제점은 오보도 많지만, 중대한 오보임이 밝혀져도 이에 대한 정정 보도나 독자에 대한 사과가 매우 드물다는 점이다. 북한은 외부의 취재에 대해서 대응하지 않지만, 북한을 대상으로 한 추측성 보도나 부정확한 보도에 대해서도 거의 대응하지 않는다.

언론의 과실로 중대한 오보가 발생하면 언론은 당사자의 항의를 받게 되고, 지면이나 뉴스 방송을 통해 정정 보도를 해야 하며, 피해 당사자의 손해 배상 소송 등 민형사상 책임을 지게 된다. 이해관계가 대립하는 사안을 취재하는 경우, 일반적으로 언론은 양쪽 이해 당사자들의 주장을 듣고 사실 관계를 확인한다. 비판받는 쪽의 해명이나 반론을 반영하기도 한다. 그럴 경우에는 결과적으로 보도가 잘못된 것으로 드러나 오보로 인한 소송이 제기되어도 법원에서는 언론이 사실 확인을 위해 충분한 노력을 기울였다는 점을 고려하고 책임을 면해 주거나 경감시켜 준다. 하지만 북한을 대상으로 한 보도는 상황이 다르다. 오보가 발생해도 북한이 항의를 해오는 경우는 거의 없다. 북한이 남쪽의 법에 따라 법적 대응을 하는 것 자체가 불가능하다. 언론이 〈북한 통신원〉의 발언만 듣고 일방적인 주장을 기사화해도, 기사의 대상인 북한 당국이 항의나 법적 절차를 요구하지 않는다. 즉 언론이 오보에 대한 법적 책임을 고려하지 않고, 북한 소식통 등에 의존해 〈아니면 말고〉 식의 보도를 쏟아 내는 배경이다.

1986년 11월, 전 세계를 놀라게 한 국내 ○○ 언론사의 〈김일성 총 맞아 피살〉 호외 보도는 이튿날 김일석 주석이 평양 순안공항에 나타남으로써 세계적 오보로 판명되었다. 하지만 이 오보를 낸 신문에 사과나 정정 보도는 실리지 않았다. 오히려 오보 판명 이후 지면에는 정정 보도 대신 〈그들 수령의 죽음까지 고의적으로 유포하면서 그 무엇을 노리는 북괴의 작태〉라는 북한을 비판하는 보도가 이어졌다. 오보의 책임이 해당 기사를 보도한 언론사가 아니라 북한에 있다는 논리였다.

○○ 언론사는 2013년 보천보 전자 악단 가수 현송월 총

살 보도가 이듬해인 2014년 오보로 드러났을 때도 정정 보도를 하지 않았다. 이 신문사가 운영하는 독자 권익 보호 위원회는 오보임이 드러난 4년 뒤인 2018년 2월, 정례 회의에서 〈2013년 현송월이 총살되었다고 오보했으나 아직까지 정정 보도를 하지 않았다〉고 지적하기도 했다. 해당 언론사는 2020년 창간 100주년 특집 지면에서 1986년 김일성 피살 오보와 2013년 현송월 총살 오보에 대해, 당시까지 정정 보도를 하지 않았다며 바로잡았다. 오보가 드러난 지 34년 만에, 또 다른 건은 6년 만에 〈창간 특집 지면〉을 통해 비로소 정정 보도가 이루어진 것이다.

사례로 든 위의 두 오보는 북한 대상 오보를 정정하지 않은 특별한 사례가 아니다. 오보가 사회에 끼친 충격이 커 많은 사람들이 기억하고 있는 사례일 뿐이다. 국내 언론사 대부분은 북한 관련 보도가 오보로 드러나도 정정 보도를 거의 하지 않는다. 북한 관련 오보에 대해 정정 보도를 하지 않는 것은 일부 언론사만의 문제가 아니라, 국내 언론계의 관행이 되었을 정도이다.

자극적인 거짓 정보의 파급력은 모바일과 소셜 미디어 환경에서 빨라지고 커졌지만, 그 정보가 거짓으로 드러나려면 적지 않은 시간이 걸린다. 신문에 정정 기사가 실리는 것과 비슷하다. 김일성 사망설, 현송월 처형설 보도에서 살펴본 것처럼, 허위 정보가 바로잡히기까지는 오랜 시간이 걸린다. 또한 정정 보도가 지면에 실리는 다행스러운 경우라고 하더라도, 애초의 충격적 내용의 1차 보도(오보)가 신문이나 방송에서 다루어진 상황에 비해 매우 비중이 낮게 취급된다. 오보를 바로잡는 정정 보도가 신문에 실리는 크기를 애초의 보도와 비교해 보면 드러난다. 1면 머리기사, 통단 편집을 통해 사진과 함께 크게 실리지만, 나중에 오보를 바로잡는 정정 보도는 안쪽 지면에 1단 기사 단신 크기로 보일 듯 말 듯 처리된다. 북한 대상 오보만이 아니라, 신문과 방송에서 굳어진 제작 관행이다. 그렇기 때문에 허위 정보나 오보는 많은 사람들에게 전달되지만, 검증을 통해 거짓을 바로잡는 정보나 정정 보도는 오보에 비하면 도달력이 매우 작다.

국내 언론의 북한 대상 오보가 잦지만 정정 보도가 없는 것은 보도의 대상이 된 북한의 당국이나 당사자가 국내 법원과 언론중재위원회 또는 해당 언론사에 항의나 소송을 제기하지 않는다는 게 직접적 이유이다.

그런데 북한 기사의 잦은 오보의 배경에는 뿌리 깊은 국내 언론계의 관행 역시 자리 잡고 있다. 취재원의 이름이나 신분을 밝히지 않는 익명 보도 관행, 익명 취재원의 발언을 확대 증폭하는 〈따옴표 저널리즘〉, 행위 주체를 밝히지 않은 채 루머를 〈알려졌다〉는 형태의 피동형 문장으로 전달하는 〈무주체 술어〉 등의 관행이 그것이다.

언론의 〈부실 보도〉 관행: 익명 취재원, 무주체 술어, 따옴표 저널리즘

왜곡 보도는 기사의 핵심 근거가 되는 발언이나 증언을 하는 사람을 익명으로 처리하는 게 특징이다. 기사에서 발언을 인용하면서도 누가 그렇게 말했는지 밝히지 않고, 취재원을 〈익명의 관계자〉, 〈소식통〉, 〈한 관계자〉로 처리하는 경향을 보인다. 취재원 발언에 대한 진실성이 문제되고 논란이 제기되어도 그의 신원이 드러나지 않아 사실 여부를 밝혀내기 어렵기 때문이다. 언론은 취재원 보호의 의무가 있다. 내부 고발자나 제보자가 언론에 비리를 고발하거나 제보할 때 신원이 드러난다면, 언론은 취재 보도 활동을 유지할 수 없다. 그렇기 때문에 언론사는 취재원의 익명 요청을 적극적으로 받아들이고, 이런 이유로 많은 기사들에 이름과 직책을 밝히지 않는 취재원들이 등장한다. 수사 대상인 범죄 용의자가 언론사 취재에 응해도 언론사는 취재원을 끝까지 보호한다. 미국 등에서는 경찰이나 법원이 수사와 재판에 필요하다는 이유로 기자에게 취재원의 신원을 밝히라고 명령해도, 〈취재원 보호〉를 내세워 끝까지 거부하다가 기자가 투옥되는 경우도 드물지 않게 일어난다. 언론의 자유를 지키기 위한 노력이다.

그러나 신원 공개에 대한 걱정 없이 취재원이 자유롭게 제보와 증언을 할 수 있게 한 익명 보도가 우리나라에서는 언론의 왜곡 보도에 악용되는 게 현실이다.

또 하나, 국내 언론의 병폐에는 구체적으로 출처와 근거를 밝히지 않은 채 〈~라고 알려졌다〉고 보도하는 관행이 있다. 다른 매체의 보도 내용을 인용할 때, 또는 자체적인 취재와 근거 없이 특정한 사실이나 의견을 공식화하거나 전제하는 관행이다. 주어와 행동의 주체 없이 피동형으로 서술한다는 점에서 〈무주체 술어〉 문장이라고 말한다. 기사는 사실을 근거로 하고 기자가 직접 취재하지 않은 내용은 분명하게 출처를 밝혀야 하는데, 무주체 술어와 피동형 문장은 이를 무시하는 무책임한 형태이다. 사건의 전망을 보도할 때에도 실명을 밝힌 전문가를 인용해야 하는데, 〈~할 것으로 전망된다〉, 〈~로 관측된다〉라고 표현하는 기사를 흔하게 만난다. 전문가를 취재해서 그 내용을 보도하는 기사가 아니라, 기자와 해당 언론사의 희망 사항과 추측을 무주체 술어 피동형 문장에 담아 전달하는 글이다.

한국 언론의 대표적인 선정적 보도 행태는 〈따옴표 저널리즘〉이라고 불리는, 검증과 맥락 없이 취재원의 발언을 인용하는 관행이다. 정치인이나 유명인의 발언에서 거두절미하고 가장 선정적이고 충격적인 한두 마디만 가져와 제목에서 겹따옴표로 처리하는 방식의 보도이다. 언론은 복잡한 사실을 취사선택을 통해 몇 개의 문장으로 요약한 기사로 만들고, 기사는 15자 안팎의 제목으로 다시 축약된다.

따옴표 저널리즘은 취재원의 발언을 인용하기 때문에 없는 일을 조작하는 것은 아니며, 실제 일어난 일을 전달하는 〈사실 보도〉처럼 보인다. 물론 취재원의 발언 자체가 뉴스가 되는 경우도 적지 않다. 대통령을 포함한 국내외 유명 정치인, 교황 등 세계적인 종교 지도자들은 기본적으로 자신의 말 한마디가 어떻게 언론에 보도될지를 알고 있는 지위에 있는 사람들이다. 이들은 말 한마디에 자신의 정책과 생각을 담아내는 자리에 있다. 이런 지위나 역할을 수행하는 사람들이 의도적 또는 비의도적으로 발언하는 주요 내용은 그 자체로 뉴스이다.

하지만 그렇지 않은 경우에는 누군가의 발언을 기사에서 인용할 때 신중해야 한다. 그 취재원의 발언이 중요한 내용인지, 확인 및 검증된 내용인지 등을 종합적으로 고려해, 언론이 〈보도할 만한 뉴스 가치〉가 있을 때 인용하거나 기사에서 다루어야 한다. 취재원의 말을 앞뒤 자르고 발언 상황과 맥락에 대한 고려 없이 〈○○가 이렇게 말했다〉라고 전달하는 행위는 왜곡 보도가 될 위험성이 매우 높다.

하지만 부실한 〈따옴표 저널리즘〉은 날마다 방송과 신문에서 흔하게 만나는 보도 형태이다. 언론은 단순히 누군가의 말을 증폭시켜 많은 사람들에게 전달하는 확성기가 아니다. 누군가의 발언을 보도할 때, 그 발언이 보도할 만한 가치와 중요성이 있는지를 고려하고, 또 발언 내용이 사실에 부합하는지 검증하고 평가해 전달하는 것이 언론의 역할이다. 세계적 권위의 언론 매체에서는 누군가의 발언을 그대로 제목으로 삼는 따옴표 저널리즘을 거의 볼 수 없다.

언론이 누군가의 발언 내용과 중요성에 대해 검증 없이 전달하는 따옴표 저널리즘 행위는 선거 기간이나 정치적 공방이 치열할 때 정치인들의 저질 폭로를 부추기는 환경이 되기도 한다. 대표적인 것이 미국의 〈매카시즘 광풍〉이다. 1950년 선거를 앞둔 미 의회 상원의원 조지프 매카시

Joseph McCathy가 〈미국 국무부에 공산당원이 205명이며, 내가 명단을 갖고 있다〉라는 충격적인 발언을 했다. 언론들이 사실 확인을 하지 않은 채 매카시 의원의 발언 내용을 그대로 기사화하자, 〈마녀사냥〉이 일어나 많은 사람이 일자리를 잃는 등 사회적 혼란이 이어졌다. 나중에 매카시 의원의 주장에는 아무런 근거가 없었음이 드러났고, 미국 언론은 따옴표 저널리즘에 대해 깊이 반성하게 되었다.

국내 대법원 판례도 언론의 역할은 누군가의 발언을 그대로 전달하는 것이 아니라, 자체적으로 확인하고 검증해 보도하는 일이라고 판시하고 있다. 1998년 대법원 판결에서는 검찰발로 보도했지만 오보로 드러난 기사와 관련해, 이를 보도한 신문사에 배상 책임이 있다는 결론을 내렸다. 당시 국내 ○○ 언론사는 〈유명 모델 ○○○ 씨가 성 접대 혐의로 수사받고 있다〉라는 검사의 말을 보도했으나 오보로 밝혀졌다. 이와 관련한 소송에서, 언론은 수사 당국으로부터 입수한 정보라고 해도 별도의 확인과 검증 노력을 기울여 보도할 때에만 오보의 경우에 면책될 수 있다는 판례가 확립된 바 있다.

익명의 취재원을 등장시켜 그의 발언 맥락을 고려하지 않고 보도하고, 떠도는 루머나 미확인 정보를 검증 없이

〈~라고 알려졌다〉는 형태의 무주체 술어 피동형 문장으로 보도하는 언론 관행이 북한을 대상으로 한 보도로 나타날 때, 더욱 부실하고 부정확한 기사가 되는 배경이다. 이러한 언론계 관행은 오보가 되어도 그에 대해 정정 보도와 민형사 소송의 사실상 〈면책 대상〉이 되는 북한 대상 보도에서 그 부실함과 피해가 더욱 커지게 된다.

6
미디어 환경 변화와 상업적 목적의 1인 매체

2010년 이전까지 한국 사회는 신문과 방송 같은 기성 언론
이 강력한 영향력을 행사해 왔으나, 2010년 이후에는 미디
어 환경에 큰 변화가 생겼다. 스마트폰의 대중화로 모바일
환경이 조성되면서 소셜 네트워크 서비스와 유튜브 등 1인
미디어, 개인 미디어의 이용과 영향력이 갈수록 커지고 있
다. 매스 미디어 시대가 저물고, 소셜 미디어와 개인 미디
어의 시대로 옮겨 가고 있는 것이다.

　유튜브는 소셜 미디어와 개인 미디어 환경에서 가장 강
력하고 대중적인 미디어 플랫폼으로 자리를 굳히고 있다.
북한 관련 정보의 유통과 이용에서도 유튜브는 과거에는
만날 수 없었던 새롭고 주요한 역할을 담당하고 있다. 북한
관련 정보를 전문으로 다루는 〈북한 유튜버〉가 등장한 것
이다. 수십 명이 넘는 탈북자 출신들이 인기 유튜버로 활동

하면서 소셜 미디어에 북한과 관련된 다양한 정보가 풍부하게 공급 및 유통되고 있다. 그중에는 수십만 명의 구독자를 확보해 상당한 광고 수익을 올리는 다수의 인기 유튜버도 있다. 유튜브는 구독자 1천 명 이상, 연 시청 시간이 4천 시간 이상일 때 광고를 통해 수익을 올릴 수 있는 구조인데, 2020년 기준 탈북자 운영 유튜브 중에서 구독자 1천 명을 넘긴 곳이 약 50곳, 구독자 10만 명을 넘긴 인기 채널(실버 버튼 채널)이 약 10곳이다. 여기에 내국인으로 활동하는 북한 정보 전문 유튜버까지 합하면, 북한 정보가 공급되는 경로와 정보량은 과거와 비교할 수 없을 정도로 많은 수준이다.

북한 정보의 공급과 유통이 과거처럼 정부에 의해 독점될 수도 없고, 통제될 수도 없는 상황이다. 소셜 미디어와 개인 미디어 채널의 영향으로 북한 정보가 다양하게 공급되고 있지만, 이는 북한과 관련된 부정확한 정보와 잘못된 보도의 유통과 확대 재생산을 낳는 배경이기도 하다. 유튜브와 소셜 미디어를 통해 누구나 쉽게 정보 생산과 유통에 참여할 수 있으며, 이 플랫폼에서 정보는 순식간에 광범위하게 유포된다. 사람들의 감각을 자극하는 선정적이고 충격적인 정보일수록 전파력은 강하다. 제2차 세계 대전 시기 영국의 총리 윈스턴 처칠이 〈진실이 바지를 챙겨 입기도 전에 거짓은 세상을 반 바퀴 돈다〉고 말한 것처럼, 선정성으로 포장된 거짓 정보의 파급력은 매우 크다. 언론의 정정 보도의 경우와 마찬가지로, 거짓 정보를 바로잡는 사실이 나중에 밝혀져도 이용자들의 주목도는 크게 떨어진다. 소셜 미디어와 개인 미디어는 미디어 콘텐츠의 생산과 유통의 장벽을 없애고 문턱을 낮췄지만, 매스 미디어에서 수행하던 절차도 생략할 수 있게 만들었다. 즉 취재와 팩트 체크, 게이트 키핑gate keeping 등의 과정과 기능 없이 정보를 만들고 유통시키게 된 것이다.

더욱이 유튜브는 방송통신심의위원회나 방송통신위원회 같은 정부 당국의 관리 감독이나, 신문 협회 등과 같은 자율 기구의 심의와 윤리 규약마저 거의 적용되지 않는 미디어이다. 검증되지 않은 정보가 확산되기 쉬운 구조이며, 구독자와 페이지뷰가 늘어날수록 광고 수익 형태로 상업적 보상이 주어진다. 이것은 유튜브 플랫폼에 콘텐츠 생산자와 판매자가 몰려드는 배경이 된다. 이는 또한 북한 관련 허위 정보가 유튜브를 통해 집중적으로 유포되는 기술적·상업적 유인 요인이다. 오보가 아닌 의도적으로 조작 정보를 유포하는 것이 바로 〈가짜 뉴스〉이다. 다음 두 경우는 유튜브에서 널리 퍼진 북한 관련 가짜 뉴스의 사례이다.

첫 번째는 쌀값 파동 관련 가짜 뉴스다. 2018년 국내 쌀값이 2017년에 비해 많이 오르자, 〈쌀값 인상은 정부의 대북 쌀 지원 때문〉이라는 이야기가 소셜 미디어에서 확산되었다. 유튜브 등 소셜 미디어에서 〈정부가 비축미를 북한으로 보냈기 때문이다. 정부 비축 쌀이 대북 지원으로 바닥나고 있다〉라는 주장이 쏟아졌다. 2018년 8월, 당시 15개 유튜브 채널에서 이 내용을 방송했고 조회 수는 56만 회가 넘었다.

그러나 언론의 검증 결과, 대북 쌀 지원은 2010년 이후 중단되었다.[3] 쌀값이 오르는 이유는 정부가 다른 식료품과 달리 쌀값은 목표 가격을 설정해 농가 소득을 보장하는 정책과 관련이 있었다. 〈농업 소득 보전법〉은 5년 단위로 국회 동의를 거쳐서 확정한다. 이에 따라 5년에 걸쳐 하락했던 쌀값이 2018년 회복한 것이 그해 쌀값 인상의 배경이었다. 또 정부 비축미는 유튜버들의 주장과 달리 바닥나지 않았다. 2018년 7월 말 기준 정부 비축미 재고량은 174만 톤

---

3   〈[팩트 체크] 대북 쌀 지원으로 쌀값이 폭등? 잘못된 정보들〉, JTBC, 2018년 8월 22일.

으로, 2015년 135만 톤, 2016년 170만 톤, 2017년 186만 톤과 비교해 큰 차이가 나는 수준이 아니었다.

두 번째는 방명록 관련 가짜 뉴스의 사례이다. 2018년 9월에는 당시 이낙연 국무총리가 베트남을 방문해, 베트남의 국부인 호찌민 전 주석 기념관의 방명록에 남긴 글이 가짜 뉴스로 만들어져 유튜브, 페이스북 등 소셜 미디어에서 유포되었다. 2018년 9월 26일, 이낙연 총리는 쩐 다이 꽝 베트남 국가주석의 장례식에 국가 조문 사절로 참석해 조문한 뒤, 인근에 있는 호찌민 주석의 거소를 방문해 방명록에 글을 남겼다. 이 총리는 방명록에 〈위대했으나 검소하셨고, 검소했으나 위대하셨던, 백성을 사랑하셨으며, 백성의 사랑을 받으신 주석님의 삶 앞에서, 한없이 작아지고 부끄러워집니다〉라는 글을 남겼다. 이 방명록 사진과 영상은 유튜브 등에서 이 총리의 〈주석님〉이라는 표현을 근거로 〈국무총리가 김정은에게 쓴 글〉이라는 가짜 뉴스로 만들어졌다. 노골적으로 조작한 가짜 뉴스이다.

유튜브와 소셜 미디어에서는 북한과 관련해 이처럼 황당하고 악의적인 가짜 뉴스가 셀 수 없이 많다. 사실 여부를 따지지 않고 페이지뷰를 올려 수익을 얻으려는 상업적 유튜버들이 다수 활동하고 있는 것이 그 배경이다. 〈남북 고위급 접촉 시 국민연금 200조 원 지원 요구설〉, 〈문재인 대통령, 김정은 위원장 벤츠 선물〉 등 전혀 사실이 아닌 황당한 가짜 뉴스들도 유튜브에서 수십만 페이지뷰를 달성하며 수익을 내고 있는 것이 현실이다. 신문과 방송 등 기성 언론에는 소개되지 않는 황당한 가짜 뉴스이지만, 이용자들이 유튜브 등 소셜 미디어를 사용하는 빈도와 시간이 늘어나면서 북한 관련 가짜 뉴스는 줄어들기보다 확산되고 있는 실정이다.

7
북한 취재 보도의 윤리와 자율 규제

앞서 북한 관련 오보와 가짜 뉴스가 만들어져 유통되는 요인과 배경에 대해 살펴보았다. 오보와 가짜 뉴스가 일으키는 문제와 피해 현실은 명확하지만, 그에 대한 해결 방안과 대응책은 특효약이 없다. 언론과 표현의 자유를 보장하는 민주주의 사회에서 오보를 이유로 언론에 과도한 제재를 가할 수는 없다. 게다가 북한 관련 오보의 당사자들인 북한 인사들이 국내 법적 절차에 따라 명예 훼손 등 민형사상 소송을 제기하거나 문제를 삼지도 않는 것이 현실이다. 이는 법적 처벌과 당국의 규제를 통해서는 언론사의 북한 대상 오보를 해결할 수 없음을 알려 준다. 법적 규제라는 강제적 수단에 의한 오보 방지나 대책이 불가능한 상황에서 가능한 방법은 비강제적 수단이다. 행정 당국이나 사법부가 법과 규제를 통해 강제하지 않는 상황에서 특정한 가치를 구현해 내는 방법은 자율적 규제와 집단적 윤리다.

언론계에서는 북한 관련 보도에서 대형 오보 발생의 문제를 잘 알고 있고, 그에 대한 해결 방안으로 북한 뉴스 보도 시 언론인이 준수해야 할 보도 제작 준칙을 마련하고 뜻을 모아 공표한 바 있다. 일선 기자, 프로듀서 등 언론인들의 연대 조직인 전국언론노동조합·한국기자협회·한국PD연합회가 제정한 〈평화 통일과 남북 화해 협력을 위한 보도·제작 준칙〉이다. 이 준칙은 광복 50돌을 맞아 1995년 8월 15일에 만들어졌고, 2017년에 개정되었다. 언론인들이 주도해 직접 만든 이 준칙에는 미확인 오보를 피하면서 충실하게 사실을 전달할 수 있는 구체적 기준이 제시되어 있다.

이 준칙에는 북한에 대한 〈관급 보도 자료의 무절제한 인용·전재(轉載)를 피하고 최대한 확인 절차를 거쳐서 보도한다〉(보도 실천 요강 3항), 〈국내외 관계자들이 무책임하게 유포하는 각종 설은 보도하지 않는다. 다만 취재원을 확인할 수 있는 경우는 예외로 한다〉(보도 실천 요강 7항), 〈망명자의 증언은 그로부터 신뢰성을 확보할 수 있는 부분에 대해서만 기사화하도록 한다. 전언이나 추정 등을 기사화해야 할 경우는《전언》,《추정》등을 명기한다〉(보도 실천 요강 7항) 등의 규정이 있다.

이는 언론계가 스스로 제정한 〈북한 보도 준칙〉을 언론이 준수하면 대부분의 대형 오보를 피해 독자들에게 좀 더 정확한 뉴스를 전달할 수 있음을 알려 준다. 아래는 언론계가 공동으로 제정한 〈북한 보도 준칙〉이다.

평화 통일과 남북 화해 협력을 위한 보도·제작 준칙

전문

분단된 조국의 통일은 온 겨레의 염원이다. 그러나 지금까지 우리 언론은 남북 관계 및 통일 문제 보도·제작에서 화해와 신뢰 분위기 조성에 기여하기보다는 불신과 대결 의식을 조장함으로써 반통일적 언론이라는 오명을 씻어 내지 못했다. 이 같은 반성 위에서 한국기자협회와 전국언론노동조합 및 한국PD연합회 등 언론 3단체는 해방과 분단 50주년을 맞아 우리 언론이 통일 언론으로 거듭나기 위한 다짐으로 공동의 보도·제작 규범을 제시한다. 우리는 〈7·4 남북공동성명〉과 〈남북 사이의 화해와 불가침 및 교류·협력에 관한 합의서〉 정신에 따라 먼저 남과 북의 평화 공존과 민족 동질성 회복에 힘쓰며, 민족 공동의 이익을 증진하고 궁극적으로 남과 북이 단결하여 자주적·

평화적으로 통일을 이루도록 노력한다.

총강

  1. 우리는 대한민국(약칭: 한국)과 조선민주주의인민공화국(약칭: 조선)으로 나누어진 남과 북의 현실을 인정하며, 상호 존중과 평화 통일을 준비하는 차원에서 상대방의 국명과 호칭을 있는 그대로 사용함을 원칙으로 한다.

  2. 우리는 냉전 시대에 형성된 선입견과 편견에서 벗어나 객관적으로 보도·제작함으로써 남북 사이의 공감대를 넓혀 나간다.

  3. 우리는 남북 관계 보도·제작에서 언론의 자유를 근본적으로 가로막는 법적·제도적 장애를 타파한다.

  4. 우리는 남과 북의 우수한 민족 문화 유산을 공유하고 민족의 공동 번영을 추구할 수 있는 기사 및 프로그램 개발에 힘쓴다.

  5. 우리는 통일 문제에 관한 사회 각계의 다양한 의견을 공정하게 반영하여 민주적인 여론 형성에 기여한다.

보도 실천 요강

  1. 남북 긴장 해소 노력

남북 간의 평화를 저해할 수 있는 군비 증강 등 제반 문제에 관심을 기울이며, 남북 간 긴장 및 불의의 사고 발생 시 신속하고 평화적인 해결을 이끌어 내는 데 초점을 맞춰 보도한다.

2. 인물 호칭·직책 존중

조선민주주의인민공화국의 인물에 대한 호칭은 대한민국의 그것과 마찬가지로 성명 다음에 직책을 붙여 호칭한다.

3. 관급 자료 보도 유의

조선민주주의인민공화국에 대한 관급 보도 자료의 무절제한 인용·전재를 피하고 최대한 확인 절차를 거쳐서 보도한다.

4. 남북 언론인 간 합의 사항에 유의

기사 작성·보도 시 남북 언론인 간 합의 사항에 유의한다.

5. 외신 보도 신중 인용

외신을 활용한 특정 세력의 목적성 여론 조성을 경계하며, 제3국이 자국의 이익을 관철하기 위해 의도적으로 유포하는 외신 보도는 인용하지 않는다.

6. 1차 자료 적극 활용

조선민주주의인민공화국의 신문·방송·통신 보도와 잡지 등 1차 자료에서 보도 가치가 있다고 판단되는 것은 적극 활용한다.

7. 각종 추측 보도 지양

국내외 관계자들이 무책임하게 유포하는 각종 설은 보도하지 않는다. 다만 취재원을 확인할 수 있는 경우는 예외로 한다.

8. 사진·화면 사용 절제

해당 기사와 무관한 자극적인 화면이나 사진을 사용하지 않으며, 냉전과 대결의 시각보다 남북 간 화해와 협력을 이끌어 내는 데 노력한다.

9. 희화적인 소재 지양

남북 간 언어, 문화, 생활의 차이와 상호 이질감을 우리의 잣대로 평가하거나 보도에 희화적 소재로 삼지 않는다.

10. 망명자의 증언 취사

망명자의 증언은 그로부터 신뢰성을 확보할 수 있는 부분에 대해서만 기사화하도록 한다. 전언이나 추정 등을 기사화해야 할 경우는 〈전언〉, 〈추정〉 등을 명기한다.

제작 실천 요강

1. 정보 제공 적극 편성

조선민주주의인민공화국 관련 프로그램 편성 시 형식적·소극적 편성에서 벗어나 다큐멘터리·드라마·오락물 등 각 장르별로 적극 편성하며, 남북 관련 긴급 혹은 특집 프로그램 편성 시 정치적 의도가 없는지 특히 유의한다.

2. 통일 지향 가치 추구

기획, 출연자 선정, 편집 등의 제작 과정에서 민족 동질성 회복, 화해·공존공영의 증진, 통일의 촉진이 구현되도록 적극성을 갖고 제작에 임한다. 프로그램 제작 시 여러 가치가 충돌할 경우 인간 존엄성 존중, 민족 이익 수호, 민족 화해 증진 등의 가치를 판단의 우선 가치로 삼는다.

3. 냉전 시대 관행 탈피

냉전 시대에 형성된 내면적 자기 검열, 습관화된 분단 의식, 누적된 선입견과 편견으로부터 자유로운 상태에서 프로그램을 제작한다. 또 냉전 의식을 바탕으로 만들어진 가요·가곡·드라마·영화 등의 방송을 피하며, 갈등을 조장하는 불필요한 화면을 사용하지 않는다.

4. 상업·선정주의 경계

상업주의와 선정주의를 경계하며, 안일하고 편의적인

제작 태도를 극복하기 위해 끊임없이 노력한다. 나아가 현재의 모든 방송 행위가 미래의 통일 민족 문화와 직결된다는 것을 염두에 두고 프로그램 제작에 임한다.

5. 다원주의 가치 반영

사회적 가치나 의견 등의 메시지를 시청취자에게 전달할 때는 제작진이 단정적 결론을 내리기보다 시청취자가 듣고 보며 스스로 판단할 수 있도록 한다. 이를 위해서 통일과 관련된 다양한 의견을 가능한 한 가감 없이 프로그램에 반영하도록 노력한다.

6. 보도 활용 제작 신중

국내외 매체의 조선민주주의인민공화국 관련 보도를 근거로 가십·콩트 프로그램을 제작할 경우 보도의 정확성, 취재원의 신뢰도, 보도 이면에 게재되어 있을 수 있는 정치적 의도 등을 충분히 검증한 뒤 방송하며, 무분별하게 인용하여 민족 화합을 저해할 수 있는 내용으로 프로그램화하지 않는다.

7. 생활 문화 적극 소개

정치적 통합을 넘어서는 남북 주민 간의 사회적·문화적 통합이 진정한 최종적 통일임을 인식해 조선민주주의인민공화국 주민들의 생활과 문화를 프로그램 소재로 적극 채

택한다.

8. 능동적인 자료 접근

조선민주주의인민공화국에 대한 프로그램 제작 시 정보의 편중성·부족 상황을 극복하기 위하여 제작진 스스로 노력한다. 1차 자료를 적극 활용하고, 각 분야 연구자 등 폭넓은 인적 자원 확보에 각자가 능동적으로 힘쓴다.

9. 남북 차이 이해 노력

언어·문화·생활·관습·가치관 등에서의 남북의 차이를 인정하고, 이를 객관적으로 인식하기 위해 노력하며, 가능한 한 이 차이들을 희화적 소재로 삼지 않도록 한다.

10. 남북 동질성의 부각

남북의 차이점보다는 같은 점을, 과거보다는 미래를 부각시킴으로써 미래 지향적·통일 지향적 방향으로 프로그램 제작에 힘쓴다.

1995. 8. 15 (제정) 2017. 10. 24 (개정)

전국언론노동조합·한국기자협회·한국PD연합회

가짜 뉴스 판별법

지금까지 한국 사회에서 북한과 관련한 오보와 허위 정보가 많은 이유에는 구조적 요인이 있음을 살펴보았다. 그런데 오늘날 오보와 허위 정보는 북한 관련 뉴스에만 국한되지 않는다. 소셜 미디어, 디지털 플랫폼, 인공 지능 기술 환경에서 오보와 허위 정보는 갈수록 심각한 문제가 되고 있다. 법과 규제, 언론계의 자율 규제로 대응하기 어려워지고 있는 실정이다. 디지털과 모바일, 소셜 미디어 등 미디어 기술의 영향이 허위 왜곡 정보의 피해와 관련이 깊은 만큼, 효과적인 대응책을 모색하는 시도 또한 디지털 기술에 대한 이해에서 출발해야 한다. 이는 인공 지능과 디지털 기술 환경에서 허위 정보의 문제가 왜 더욱 심각해지는지 원인을 파악하는 길이다.

1
〈진짜〉보다 더 진짜 같은 〈가짜〉

〈가짜 뉴스〉가 세상을 떠들썩하게 만들고 있다. 2016년 미국의 대통령 선거에서도, 영국의 유럽 연합 탈퇴(브렉시트) 국민 투표에서도 가짜 뉴스가 난무했다. 한때 로마 가톨릭의 프란치스코 교황이 당시 공화당 대통령 후보였던 도널드 트럼프를 지지했다는 가짜 뉴스가 폭발적으로 공유되고 추천되었다. 영국에서는 유럽 연합을 탈퇴하는 게 이익이라는 가짜 뉴스가 쏟아졌다. 영국 국민들은 영국이 유럽 연합에 독일과 프랑스보다 훨씬 더 많은 분담금을 내며 지원금을 퍼주고 있지만, 유럽 연합으로부터 혜택이라곤 거의 받지 못하고 있다는 가짜 뉴스를 믿었다. 사실 영국은 독일이나 프랑스보다 유럽 연합 분담금을 적게 내고 있지만, 영국 국민 다수는 가짜 뉴스를 믿었다. 2016년 미국 대통령 선거 또한 가짜 뉴스의 혼란 속에서 전문가들이나 여론 조사 기관이 예상하지 못한 결과가 나타났다.

세상에는 언제나 거짓말로 사람들을 현혹하는 사기꾼이나 사이비 지도자가 있었고, 헛소문과 유언비어도 존재했다. 최근의 문제는 가짜 뉴스가 현실에 상당한 영향을 끼치고 있다는 점이다. 어떻게 이런 일이 일어날 수 있을까?

오보와 가짜 뉴스의 공통점은 둘 다 거짓 정보라는 것이지만, 가짜 뉴스는 뉴스의 모양을 띠고 언론사의 진짜 보도인 것처럼 유통된다는 게 차이점이다.

가짜 뉴스의 확산은 모바일 환경에서 소셜 미디어가 뉴스 유통의 주요 도구로 자리 잡은 데 따른 현상이다. 모바일 환경에서 스마트폰과 소셜 미디어가 주된 미디어의 이용 수단이 되었다는 것은 신문이나 방송 등 기존 뉴스 미디어와 다른 방식으로 뉴스 소비가 일어난다는 것을 뜻한다. 단지 신문과 방송의 영향력이 줄었다는 것만이 아니라, 사람들이 미디어를 이용하는 방법이 달라지고, 그로 인해 생각하는 방식과 여론이 만들어지는 과정도 변화되고 있다. 소셜 미디어를 통한 뉴스 이용이 가져온 변화는 네 가지로 요약할 수 있다.

첫째, 뉴스 이용이 개인적인 차원에서 이루어진다. 신문과 방송 등의 매스 미디어는 언론인이 만들어 낸 뉴스 콘텐츠의 내용이나 편집 방침을 이용자가 무시하거나 외면하기 어려웠다. 신문은 1면부터 각 면에 실린 주요 뉴스의 제목이나 편집된 기사를 순서대로 읽게 되고, 방송 뉴스는 앵커가 전하는 순서대로 뉴스를 시청했다. 매스 미디어 생산자가 중요도와 적절성, 편집 방침에 따라 선별하고 배치한 뉴스를 따르는 방식이다. 사람마다 취향과 관심이 달라도 매스 미디어가 전달하는 공통된 정보와 지식을 공유하게 된다. 하지만 스마트폰과 소셜 미디어에서는 개인이 각자 선호하는 뉴스를 적극적으로 이용한다. 신문과 방송처럼 중요도의 순서대로 이루어지는 뉴스의 편집을 따르지 않는다. 공공의 사안에 대한 뉴스보다는 각자의 흥미를 만족시키는 뉴스 위주로 이용하게 됨으로써 중요한 뉴스를 놓치고 편향된 방식으로 정보를 이용하게 된다. 이런 뉴스 편식은 뉴스가 만들어지게 되는 전후 맥락을 알기 어렵게 하고, 편향된 정보를 그대로 받아들이게 만든다.

둘째, 뉴스가 제공하는 정보의 형태와 출처가 한눈에 드러나지 않는다. 스마트폰과 소셜 미디어의 정보는 뉴스와 콘텐츠가 뒤섞여 있다. 뉴스 생산자가 제공하는 편집 형태를 고집할 필요가 없기 때문에 이용자가 편리한 대로 사용하지만, 동시에 이러한 이유로 정보의 출처와 의도에 대해 이용자가 그다지 신경 쓰지 않도록 만든다. 모바일 화면에서 뉴스를 읽는 일은 편리하다. 한곳에서 다양한 언론사의 뉴스를 손쉽게 볼 수 있으며, 많이 본 기사나 댓글 등 독자의 반응이나 의견도 함께 살펴볼 수 있다. 하지만 편리함의 부작용도 있다. 과거 신문과 방송 위주의 미디어 이용에서는 언론사별로 이용자의 주의력과 의식이 예민했지만, 이제는 달라졌다. 이용자들은 포털이나 소셜 미디어에서 다양한 출처의 수많은 뉴스를 읽지만, 해당 뉴스의 출처가 어디인지 기억하지 못하거나 의식하지 않는 경우가 일반적이다. 독자들에게 모바일로 읽은 뉴스의 출처를 기억하는지 물어보면, 뉴스를 생산한 언론사의 이름은 기억하지 못하고 〈네이버〉, 〈다음〉, 〈페이스북〉 등 자신이 이용한 플랫폼만을 기억하는 경우가 흔하다.

뉴스의 형태와 출처를 구분하지 않고 이용하는 습관은 결국 어떠한 조직에서 누가 어떠한 의도로 뉴스를 생산하고 만들었는지에 대한 이용자의 주의력을 떨어뜨림으로써, 뉴스 이용을 수동적이고 무비판적으로 만든다. 뉴스를 다양하게 이용할수록 이용자는 뉴스의 출처가 믿을 만한지 아닌지를 고려해야 하고, 그 의도를 파악하는 것이 필요한데, 실제로는 매체를 분별하는 능력이 오히려 떨어지고

있다. 이용자가 생각과 주의력을 결여한 채 더욱 많은 뉴스를 이용하기 때문이다.

셋째, 지인의 영향력이 확대되었다. 소셜 미디어는 지인들과 정보와 연락을 주고받을 수 있는 네트워크이다. 친밀한 사람들끼리 개인적 정보를 주고받던 도구였지만, 시간이 지날수록 점점 다양한 용도로 쓰이며 영향력도 커지고 있다. 소셜 미디어는 이용자 간의 관계와 신뢰를 기반으로 하는 네트워크이다. 친구나 지인 등 〈나〉와 연결되고 친분이 있는 사람이 전달해 주는 정보는 언론사나 전문 기관이 알려 주는 정보보다 더 믿음직스럽고 중요하게 여겨진다.

가짜 뉴스의 세력은 유통 플랫폼으로 주로 소셜 미디어를 이용한다. 선정적인 내용이나 이용자가 선호하는 내용일수록 주목도가 높고, 이용자의 정치적 성향에 부합할수록 〈좋아요〉, 〈댓글〉, 〈공유〉를 통해 적극적인 반응이 나타난다. 또한 소셜 미디어의 정보는 지인을 통해 이용자에게 전달되므로, 해당 정보의 출처와 형태에 대해서 따지지 않고 일단 믿는 경향이 있다. 좋아하거나 믿을 만한 사람이 추천하고 공유한 정보는 읽어 보지도 않고 습관적으로 추천이나 공유를 하는 경향도 있다.

넷째, 검색과 소셜 미디어는 언론사와 달리 페이지뷰를

기준으로 노출한다. 검색 엔진에서 특정 단어를 검색했을 때 노출되는 결과는 대부분 페이지뷰와 체류 시간 등을 기준으로 이용자의 만족도가 높은 순서이다. 이렇게 검색 결과를 노출하는 방법을 검색 알고리즘이라고 하는데, 이따금 알고리즘 원리를 이용해 원하는 검색 결과를 만들어 내기도 한다. 예를 들어 아이돌 팬들이 검색 엔진에서 집단적으로 특정 단어를 검색하면 갑자기 인기 검색어나 연관 검색어가 되어 많은 사람들에게 노출되는 일이 벌어지곤 한다.

신문과 방송의 뉴스는 기본적으로 해당 언론사가 표방하는 뉴스 가치와 편집 방침에 의해서 뉴스를 중요도에 따라 배열한다. 하지만 검색 엔진과 소셜 미디어는 〈이용자의 만족도〉라는 알고리즘이 사실상 유일한 기준이다. 언론은 보도를 위해 기본적으로 사실 확인을 하는 구조이지만, 검색 엔진과 소셜 미디어는 정보를 찾아서 전달해 주는 역할만 할 뿐 그 내용의 진위는 고려하지 않는다. 유튜브에서 일하던 한 엔지니어는 2018년 유튜브의 추천 알고리즘 원리를 폭로한 바 있다. 유튜브는 시청 시간이 길어질수록 수익이 늘어나기 때문에 콘텐츠의 사실 여부에 관계없이 이용자들이 많이 볼 것 같은 콘텐츠를 계속 보여 주도록 추천 알고리즘이 작동한다는 것이었다.[1] 페이스북은 지인들과 더 많은 콘텐츠를 공유하도록 끊임없이 추천과 공유를 유도한다. 유튜브는 이용자가 본 영상과 비슷한 동영상을 계속 추천하고, 자동으로 다음 영상을 재생하며 페이지뷰를 늘린다. 음모론이나 가짜 뉴스를 한번 보게 되면 유튜브가 계속 추천하는 구조이다.

빅데이터와 추천 서비스

디지털 콘텐츠 서비스는 기본적으로 빅데이터와 이를 분석해 추천하는 알고리즘으로 작동한다. 디지털 기술은 모든 정보를 컴퓨터에 의해서 처리가 가능하도록 전자 데이터로 바꾸고, 점점 더 많은 데이터를 만들어 낸다. 인터넷은 무한한 정보의 바다인데, 모바일과 인공 지능, 인터넷 환경은 더욱더 많은 데이터를 생산하고 이용하는 빅데이터 사회로 이끈다. 빅데이터는 빈약한 데이터에 비해 유용하지만 적절한 분석 도구와 사용자별로 맞춤화된 추천 도구가 있을 때 비로소 활용할 수 있다. 빅데이터는 데이터의

---

1   「옛 유튜브 알고리즘 담당자가 밝힌 추천 시스템의 비밀」, 『블로터』, 2018년 2월 6일.

규모와 종류가 너무 방대해서 사람이 다룰 수 없으며, 컴퓨터와 인공 지능을 통해 처리된다. 예를 들어 포털이나 인터넷 쇼핑몰에는 방대한 정보와 상품이 등록되어 있어 이용자가 하나하나 항목을 찾아보면서 이용할 수 없다. 빅데이터 속에서 이용자가 원하는 것을 찾아 추천해 주는 서비스가 제공될 때 유용성이 커진다. 영화나 음악 감상 사이트와 같은 콘텐츠 서비스에서는 방대한 데이터와 함께 이용자별 추천 기능이 중요하다. 사회의 각 영역은 점점 더 많이 빅데이터 환경으로 변화하고, 빅데이터는 필연적으로 개인별 맞춤형 추천 서비스를 제공하는 알고리즘을 요청한다.

알고리즘

알고리즘은 컴퓨터 프로그램이 데이터를 처리해 정해진 업무를 수행하도록 하는, 일련의 조건문으로 이루어진 방정식이다. 지도에서 길 찾기나 검색 엔진 사용은 물론, 포털이나 소셜 미디어가 이용자에게 제공하는 콘텐츠 화면도 알고리즘에 의해 구현된다. 페이스북이나 유튜브에서 각 이용자들에게 보이는 콘텐츠는 개별 이용자들의 관심사와 이용 기록에 따라서 그 내용이 각각 다르다. 포털들은 뉴스 서비스도 인공 지능이 뉴스 가치와 함께 이용자들의 사용 기록, 선호도 등을 반영한 알고리즘을 통해 제공한다. 같은 포털 사이트에 접속한 두 사람의 화면에 서로 다른 광고가 뜨는 이유다.

알고리즘은 이용자 각자에게 최적화된 내용을 추천하도록 함으로써 이용률과 만족도를 높이도록 설계된다. 또한 알고리즘은 작동 방식이 드러나면 이를 악용한 검색 결과 조작 등 부작용이 생길 수 있기 때문에 영업 비밀로 보호된다. 알고리즘은 비공개성, 비접근성, 비투명성의 특성을 지닌다. 디지털 서비스는 데이터를 알고리즘으로 처리하기 때문에 시간이 지날수록 알고리즘의 역할이 커지고, 개인과 사회는 알고리즘의 결과에 더욱더 의존하게 된다. 알고리즘은 불투명성으로 인해 작동 방식을 외부에서 파악하고 규제하기 매우 어렵다.

디지털 사회는 알고리즘과 데이터에 의존하는데, 이는 고유의 편향성을 갖고 있다. 데이터와 알고리즘의 구조를 설계한 사람과 기업의 의도가 반영되는 구조이다. 미국에서는 인공 지능 알고리즘을 개발하는 사람들이 대부분 백인이고, 사용하는 데이터도 백인 위주라는 점으로 인해 인공 지능이 흑인을 인식하지 못하거나 차별하는 경우가 여러 차례 발생했다.

유튜브나 페이스북 같은 소셜 미디어의 알고리즘은 맞춤화 서비스로 작동하는데, 이용자별 취향과 선호도에 기반한다. 한번 이용하면 계속해서 비슷한 영상과 콘텐츠가 추천되고 노출되는 방식이다. 유튜브 등에서 북한 관련 음모론이나 가짜 뉴스를 시청한 이용자에게 유사한 콘텐츠가 계속 추천되는 까닭이다. 이런 식으로 디지털 서비스의 알고리즘은 기본적으로 이용자의 시청 시간, 체류 시간을 늘려서 기업의 수익을 극대화하도록 설계된다. 이러한 추천과 자동 재생 알고리즘은 허위 왜곡 정보와 가짜 뉴스 확산을 부추기는 배경이 된다. 소셜 미디어의 알고리즘이 뉴스나 콘텐츠를 추천할 때 사실 여부와 중요도를 고려하지 않고 이용 시간을 늘리는 방향으로 설계되었다는 것이 알려지면서, 알고리즘에 대한 투명성이 필요하다는 주장도 제기되고 있다.

필터 버블

〈맞춤형 서비스〉는 이용자가 좋아하는 내용 위주로 걸러진 정보를 제공한다. 이는 이용자를 비눗방울(버블)처럼 필터링된 정보 속에 가둬 버리는 〈필터 버블filter bubble〉 현상을 낳는다. 알고리즘은 이용자가 관심 없거나 싫어하는 정보는 걸러 내어 특정한 성향의 정보 위주로 접하게 만든다.

필터 버블은 소셜 미디어에서 쉽게 나타난다. 소셜 미디어에서는 정치적 성향이 비슷한 사람들끼리 친구를 맺고 공유한다는 사실도 연구로 확인되었다. 미국 공화당 지지자의 페이스북에는 공화당에 우호적인 소식이 주로 공유되고, 반대로 민주당 지지자들의 페이스북에는 민주당에 좋은 쪽으로 해석된 뉴스 위주로 공유가 일어난다. 어떤 집단에 속해 있느냐에 따라서 똑같은 현상에 대해 서로 다른 정보가 제공되고 공감이 일어난다. 아무리 오랜 시간 뉴스를 보아도 객관적 사실을 접하기보다 자신이 원하는 정보나 입맛에 맞는 정보 위주로 이용하는 현상이 일어난다. 정치적 성향만이 아니라, 다른 정보들도 개인별 이용 기록과 취향에 맞춤화되어서 전달된다.

필터 버블 현상은 소셜 미디어뿐만 아니라, 인터넷 검색 결과나 많이 본 기사 등 이용자의 선택과 상호 작용을 반영한 인터넷 콘텐츠에서 흔히 나타나는 현상이다. 이용자들은 스스로 선택했다고 생각하지만 맞춤형 필터가 걸러 낸 결과만을 제공받으며, 결과적으로 맞춤형 콘텐츠를 이용할수록 점점 더 필터 버블 속에 갇히게 된다. 이는 객관적 사실 인식과 멀어지게 만들어 중요한 뉴스와 정보를 접하지 못하게 할 수 있다. 이런 식으로 기존에 이용해 온 정보에만 노출되도록 함으로써 편향된 인식을 형성할 위험이 높다.

울림통

〈울림통-echo chamber〉 현상은 반향실처럼 메아리(에코)가 방안에서 실제보다 훨씬 더 크게 울리는 상황을 의미한다. 소셜 미디어 알고리즘은 이용자의 몰입적 이용을 늘리기 위해 〈좋아요〉를 많이 누른 콘텐츠 중심으로 추천하고 노출한다. 소셜 미디어에서 유사한 정보와 의견이 과다 노출되어 강화되는 현상이다. 중요하고 유용한 정보나 의견 대신 내가 좋아하거나 공감하는 댓글 같은 피드백 위주로 정보를 만나면 객관적 인식을 가로막는다. 개인들은 객관적 인식을 형성하기 어렵고, 사회는 극단적인 의견들을 지닌 사람들이 늘어나 갈등 조정이 어려워진다. 다양한 생각을 지닌 사람들이 서로 존중하면서 토론을 통해 합의를 만들어 가는 민주주의 사회에서 바람직하지 않은 현상이다.

2
가짜 뉴스는 무엇을 노리는가

가짜 뉴스는 소셜 미디어라는 편리한 소통 수단이 드리운 그늘이다. 가짜 뉴스를 만들거나 퍼뜨리는 사람을 강력하게 처벌한다고 해서 쉽게 사라지지 않을 것이다. 또한 가짜 뉴스를 자동으로 찾아내 표시하는 기술을 개발한다고 해도 쉽게 해결되지 않을 것이다. 왜냐하면 가짜 뉴스는 소셜 미디어라는 편리하고 강력한 기술의 뒷면이기 때문이다. 이는 빛과 그림자, 동전의 앞뒤와 같아 어느 한쪽만 누리면서 다른 쪽을 떼어 내어 버릴 수 없는 것과 같다. 가짜 뉴스가 걱정되어 스마트폰과 소셜 미디어를 금지하자는 것은 자동차는 교통사고의 원인이니 아예 자동차를 없애자는 주장과 비슷하다. 가짜 뉴스가 왜 생겨났는지, 무엇 때문에 그 피해가 커지게 되었는지 문제의 근원을 이해하는 것이 중요하다. 가짜 뉴스의 구조를 제대로 알게 되면 거짓 정보로 인한 피해를 보지 않을 수 있다.

중개인 없는 직접 유통의 편리함과 위험

신문이나 방송과 같은 매스 미디어는 〈게이트 키핑〉이라는 과정을 통해 선별하고 판단한 결과만을 뉴스로 전달한다. 독자는 언론사의 〈편집〉이라는 렌즈를 통해 세상을 보게 된다. 이렇듯 매스 미디어는 뉴스와 독자 사이를 연결해 왔다. 그런데 인터넷과 소셜 미디어에서는 언론사를 거치지 않고 뉴스와 독자를 바로 연결시켜 준다. 이러한 편리함 덕분에 우리는 언제 어디서든 정보에 접근할 수 있다. 뉴스도 마찬가지이다. 뉴스를 선별하고 편집하는 언론사의 도움과 개입 없이도 얼마든지 뉴스를 이용할 수 있게 되었다. 소셜 미디어에서는 클릭 한 번으로 간편하게 뉴스를 접할 수 있다.

하지만 편리함에는 대가가 따른다. 언론사의 손길을 거치지 않은 날것 그대로의 뉴스를 접하는 데 따른 비용이다. 뉴스는 그 자체로 진실이 아니라 뉴스를 만드는 사람에 의해 선택되고, 해석되고, 편집된 결과물이다. 그렇기 때문에 미디어 콘텐츠를 이용할 때에는 그러한 선택과 편집을 하는 주체(언론사)가 믿을 만한 곳인지, 어떤 의도와 특성을 지닌 곳인지를 고려하여 받아들여야 한다. 하지만 소셜 미디어의 링크를 통해 만나는 정보로는 언론사의 특성이나 편집 성향을 알기 어렵다. 대부분의 언론사들은 기사의 신뢰도를 중요하게 여기기 때문에 핵심적 사실 관계에 대한 검증을 거쳐 보도한다. 하지만 소셜 미디어에서는 기본적인 사실 관계조차 확인되지 않은 뉴스를 만날 수 있다. 소셜 미디어 이용자들은 뉴스의 출처를 거의 따지지 않는다. 가짜 뉴스는 이렇게 소셜 미디어로 뉴스를 이용하는 사람들이 어떤 경향을 갖는지 관찰하여 만들어 낸 거짓 정보이다.

가짜 뉴스는 저절로 만들어지지 않는다. 누군가 의도를 가지고 만들어 사람들에게 진짜 뉴스처럼 보이도록 사기를 치는 것이다. 하지만 인터넷상의 범죄가 그렇듯 범인을 잡아내기란 쉽지 않다. 2016년 미국 대통령 선거 때 가짜 뉴스를 만들어 퍼뜨린 주축은 마케도니아의 시골 마을에 사는 십 대 소년들이었다. 이들은 〈교황이 ○○○ 후보를 지지했다〉라는 내용과 같이 특정 후보에게 유리한 가짜 뉴스를 만들어 소셜 미디어에 퍼뜨렸다. 그 결과 수많은 사람들이 이 가짜 뉴스를 조회하고 공유하면서, 가짜 뉴스를 만든 마케도니아 소년들에게는 인터넷 광고 수익이 돌아갔다. 미국에서 이런 가짜 뉴스를 공유하고 퍼뜨린 사람들은 특정 후보의 지지자들이었다. 정치적·경제적 의도를 가진 이들이 만들어 낸 가짜 뉴스에 많은 사람들이 속은 것이다. 2016년 12월 초, 미국 워싱턴 D.C.에서는 〈○○○ 후보가 피자 가게 지하에 있는 아동 성매매 조직에 관여하고 있다〉라는 가짜 뉴스를 믿은 한 남성이 피자 가게를 찾아가 총으로 실탄을 쏘는 난동을 벌이기도 했다.

가짜 뉴스는 미국뿐만 아니라 각종 선거와 국민 투표를 앞둔 유럽 각국과 한국에도 등장해 심각한 사회적 영향을 끼쳤다. 앞으로도 계속해서 새로운 형태의 가짜 뉴스가 등장할 테고, 인터넷과 소셜 미디어를 사용하는 사람은 누구나 그러한 거짓 정보에 노출되어 있다. 오늘날과 같은 디지털 기반 시대에 모든 사람들은 정보를 이용한 사기의 피해자가 되거나 정보화 시대의 낙오자가 되는 기로에 서 있다.

소셜 미디어, 정치판을 뒤흔들다

각국에서 가짜 뉴스가 동시에 사회 문제가 되는 배경은 비슷하다. 미국의 대선, 유럽 각국의 선거 국면, 한국의 대통령 탄핵 심판과 이어지는 대선 등 중대한 정치적 상황이 주요한 배경이다. 가짜 뉴스의 배경에는 마케도니아의 소년

들처럼 경제적 이익을 목적으로 한 집단도 있지만, 근본적으로는 정치적으로 첨예한 대립 상황이 있다. 상업적 이익을 목적으로 한 마케도니아의 십 대들이 미국의 대선 후보를 대상으로 삼은 것도, 그것이 이용자들의 반응이 가장 활발하게 나타나고 첨예한 대립의 국면이 펼쳐지는 주제였기 때문이다.

가짜 뉴스가 확대되는 배경에는, 선거 등 첨예한 대립을 보이는 정치적 상황에서 특정 세력이 불특정 다수를 상대로 일정한 방향으로 인식을 전환하고 정치적 선택을 하도록 유도하기 위해 영향력 있는 정보를 유통하려는 목적이 있다. 특정 정치 세력은 선거 국면에서 자신들의 이해를 관철하고자 가짜 뉴스를 활용했는데, 유통 수단은 소셜 미디어였다. 앞서 설명했듯, 소셜 미디어는 주로 지인들의 추천을 통해 정보가 유통되며, 이용자들은 정보 자체의 신뢰도 및 출처를 따지지 않고 정보를 흡수하는데, 이러한 소셜 미디어의 속성이 철저히 정치적으로 이용된 것이다.

일부 정치인들이 가짜 뉴스에 기반하여 주장을 펼쳤던 까닭은, 급박한 상황에서 정보의 정확도보다 영향력을 중시했기 때문이다. 공직 선거법은 선거 운동 기간에는 거짓되거나 불법적인 정보를 유포하는 행위를 일상적인 표현

3장 가짜 뉴스 판별법

의 자유를 제한하면서까지 강하게 규제한다. 그러나 가짜 뉴스 현상은 국경과 물리적 한계를 뛰어넘는 인터넷 기반의 소셜 미디어를 통해서 유포되는 속성을 지니며, 새로운 기술적 배경을 기반으로 교묘하게 사실과 거짓을 혼합해 만들어진 정보라는 점에서 종래의 규제와 법규로 대처하기 어렵다. 가짜 뉴스를 악용하는 세력의 의도와 기술적 능력에 비해서 이를 수용하거나 규제해야 하는 쪽은 기술적·문화적으로 그만큼 기민하게 대응하지 못하는 데도 원인이 있다.

모든 가짜 뉴스마다 언론이 팩트 체크로 일일이 반박하는 것은 사실상 불가능하다. 가짜 뉴스가 너무 많고 새로운 형태로 진화하기 때문이기도 하지만, 근본적 해결책이 아니기 때문이다. 가짜 뉴스가 왜 생겨나는지, 우리는 왜 가짜에 속는지를 이해하려면 정보 사회의 구조를 아는 것이 그 출발점이다.

3
가짜 뉴스에 속지 않으려면

가짜 뉴스는 소셜 미디어의 정보 유통 속성과 고도화된 인공 지능 기술이 결합하면서 훨씬 더 정교해지고 사실 확인이 불가능할 정도의 수준에 도달했다. 가짜를 만들어 내는 기술은 더 교묘하게 발전하고 있지만, 이를 규제하고 처벌하는 대응과 법적 장치는 그 속도를 따라가지 못하고 있는 실정이다. 가짜 뉴스로 인해 인터넷 플랫폼 기업들은 신뢰성의 위기를 맞게 되었고, 다양한 대응책을 내놓고 있다. 각국에서도 기술적, 법·제도적, 교육·문화적 측면에서 다양한 대응과 규제책을 만들기 위해 고심하고 있다.

인공 지능 딥페이크 기술
인공 지능과 알고리즘 기술의 발달은 허위 왜곡 정보의 생성과 확산의 새로운 동력과 배경이 되고 있다. 2017년

12월, 〈딥페이크deepfake〉라는 인터넷 아이디 사용자가 인공 지능 기술을 활용한 유명 연예인의 위조 영상물을 인터넷에 공개했다. 스칼릿 조핸슨Scarlett Johansson, 에마 왓슨Emma Watson 등 유명 영화배우의 얼굴을 성인 영상물에 합성했는데, 진위 식별이 불가능한 수준이었다. 국내에서도 이 기술을 이용해 여성 연예인들을 합성한 성인 영상물이 유통되는 피해가 벌어지고 있다.

2018년 5월, 구글은 연례 개발자 대회(I/O)에서 사람의 목소리를 완벽하게 흉내 내는 인공 지능 음성 비서 서비스 듀플렉스를 공개했다. 미용실과 식당에 전화를 걸어 상대의 질문과 답변에 자연스럽게 응대하고 주어진 과업을 완수하는 인공 지능을 매장 종업원 누구도 눈치채지 못했다.

조작된 이미지와 사실을 퍼뜨리는 가짜 뉴스를 뿌리 뽑기 위해 인공 지능을 활용하는 시도도 활발하다. 2018년 여름, 미국 국방부 방위고등연구계획국(DARPA)은 세계적인 인공 지능 전문가들을 대상으로 딥페이크 동영상을 제작하고 감식하는 경진 대회를 개최했다. 진짜 같은 가짜 동영상이 가짜 뉴스에 활용되어 대통령 연설이나 유명인의 증오 범죄 유발 발언 등을 만들어 낼 경우 재앙적 결과로 이어질 수 있다는 우려 때문이었다. 국내 과학기술정보통신

부도 경제적·사회적 문제 해결을 위한 〈인공 지능 연구 개발 챌린지 대회〉를 개최했다. 2017년 경진 대회 과제는 〈가짜 뉴스 찾기〉였고, 2018년 7월 대회 과제는 〈합성 사진 찾기〉였다.

진짜와 가짜를 놓고 쫓고 쫓기는 경쟁에 인공 지능이 가세해 문제는 갈수록 복잡해지고 있다. 인공 지능 기술이 점점 더 〈진짜 같은 가짜〉를 만들어 내는 상황은 〈앞으로 사람이 진짜와 가짜를 식별하는 게 가능할까〉라는 질문을 던진다. 인공 지능으로 만들어 낸 진짜 같은 가짜가 뉴스, 검색 결과와 전화 통화 등에서 활용된다면 피해는 성 착취물처럼 특정한 영역에 국한되지 않을 것이다.

구글은 사람의 목소리와 문장을 완벽하게 구사해 진짜 인간과 식별이 불가능한 인공 지능 비서 듀플렉스를 자랑스럽게 선보였지만, 뜻밖의 상황과 마주쳤다. 많은 사람들의 불안과 우려, 비판이 쏟아진 것이다. 사람과 구별할 수 없는 인공 지능 비서는 편리한 만큼 악용될 수 있기 때문이다. 전화 목소리의 톤과 내용으로 가짜와 진짜를 식별할 수 없다면 거의 모든 식당과 공연, 행사 예약에 인공 지능 프로그램이 활용될 수 있다는 우려가 생겨났다. 많은 우려와 비판이 제기되자, 구글은 듀플렉스를 상용화할 시점에는

〈사람이 아니라 인공 지능이 건 전화〉라는 점을 말하겠다고 밝혔다. 하지만 각종 페이크 영상과 보이스 피싱처럼 나쁜 의도의 이용자도 같은 기술을 사용할 수 있다.

그동안 포토샵을 이용한 이미지 수정과 조작이 가능했지만, 최근 빅데이터와 인공 지능 기술은 진짜와 식별이 불가능한 수준의 가짜를 만들고 있다. 최신 인공 지능 신경망 기술(GAN)은 경쟁하는 알고리즘 두 개로 구성되었는데, 하나는 화폐 위조범의 역할을 하고 다른 하나는 경찰의 역할을 한다. 인공 지능을 이용해 하나는 진짜 같은 가짜를 만들어 내고, 또 다른 하나는 그것을 식별해 내는 역할을 한다. 두 알고리즘은 서로가 어떻게 발전하는지를 반영해 상대 알고리즘보다 더 뛰어난 알고리즘을 만드는 피드백 구조를 띤다. 두 알고리즘이 대립하고 경쟁하면서 피드백을 주고받으면 조작과 감식의 품질이 모두 높아지게 된다. 감쪽같은 위조지폐는 그것을 판별할 수 있게 하는 정교한 감식 기술을 요구하고, 위폐 감식 수준이 높아지면 그것을 통과하는 더 정교한 위폐가 등장하는 것과 같다. 이러한 경쟁이 지속되면 진짜와 구별되지 않는 완벽에 가까운 위조지폐가 등장하는데, 일반인으로서는 식별이 불가능하다.

진짜 같은 가짜 동영상이 가짜 뉴스에 활용되어, 조작된 대통령 연설이나 유명인의 증오 범죄 유발 발언 등이 유포될 경우 주식 시장 폭등락, 폭동과 소요 등 재앙적 결과로 이어질 수 있다. 많은 전문가들은 진짜 같은 가짜를 만들고 식별하기 위한 인공 지능 경쟁이 결국은 진짜와 구별하기 어려운 가짜를 만들어 내는 결과로 이어질 것이라고 우려한다. 이는 냉전 시기 미국과 소련의 무한 군비 경쟁과 비슷하다. 승자 없이 모두가 잠재적 패자의 처지가 되는, 승산 없는 게임이 될 가능성이 높다. 냉전 시기 군비 경쟁은 결국 상호 확증 파괴 시스템으로 이어져, 지구 전체를 몇 차례 파괴할 수 있는 숫자의 핵무기 보유라는 끔찍한 결과를 낳았다. 기술이 진짜 같은 가짜를 놓고 쫓고 쫓기는 경쟁을 하고 있지만, 기술만으로는 해결이 불가능한 문제라는 걸 알려 준다.

소셜 미디어 기업의 대응

가짜 뉴스가 주로 소셜 미디어 플랫폼을 통해서 유통되어 피해를 키운다는 점은 소셜 미디어 운영 기업들이 사회적 책임에서 벗어날 수 없다는 것을 의미한다. 소셜 미디어는 서로 신뢰하고 자유롭게 소통하는 지인들 간의 네트워크이므로, 한번 공유된 정보가 높은 신뢰감을 가지고 단기간에 퍼진다는 특성이 있다. 가짜 뉴스의 유통 세력은 이를 악용한다. 가짜 뉴스가 사회적인 문제로 대두되었던 초기 시점에 페이스북은 가짜 뉴스의 영향력과 페이스북의 책임을 부인했다. 페이스북의 CEO 마크 저커버그Mark E. Zuckerberg는 2016년 11월 인터뷰에서 〈개인적으로는 페이스북 내의 가짜 뉴스 콘텐츠는 극히 일부분일 뿐이며, 이런 가짜 뉴스가 선거에 영향을 미쳤다는 주장은 말도 안 된다고 생각한다. 유권자들은 자신의 경험을 토대로 투표한다〉라고 말했다. 하지만 이후 여론의 거센 비판에 직면한 뒤 개선 작업에 들어갔다. 불과 한 달 뒤인 12월 21일, 저커버그는 〈뉴스 유통에 책임감을 느낀다〉고 말하고, 2017년 1월부터 페이스북 저널리즘 프로젝트를 만들었다. 이 프로젝트는 페이스북에서 가짜 뉴스를 식별하고 추방하기 위한 작업으로, 언론사들과 협업하는 방식이다. 구글도 검색 알고리즘상에서 가짜 뉴스를 식별해 검색 결과에서 감추는 작업에 들어갔고, 가짜 뉴스 사이트에 구글의 광고를 금지했다.

2018년 3월, 유튜브도 의심스러운 유튜브 동영상에 〈정보 단서〉 기능을 추가해, 허위 정보의 파급을 막겠다는 방침을 발표했다. 유튜브 실행 화면에 정보 단서 링크가 있는 텍스트 상자를 만들어, 이용자가 출처와 내용이 의심스러운 동영상이라고 생각할 경우 관련된 추가 정보를 손쉽게 검색할 수 있도록 하는 방법이다. 이 텍스트 상자에서 제공하는 링크는 온라인 백과사전인 위키피디아의 관련 사항으로 바로 연결된다.

비기술적 방법도 활용되고 있다. 구글과 페이스북, 유튜브 등은 콘텐츠를 분류하고 노출하는 과정에서 최대한 알고리즘과 자동화에 의존하고 사안별로 사람의 개입과 판단을 최소화하는 방침을 유지해 왔으나, 가짜 뉴스의 확산 이후 기존 방침을 바꾸고 사람의 개입을 늘려 가고 있다. 유럽 연합은 법과 제도를 통한 규제 강화로 온라인상의 거짓 정보에 대한 대응을 강화하고 있다. 독일 정부는 가짜 뉴스와 혐오 발언을 삭제하지 않은 소셜 네트워크 서비스 업체에 대해 최대 5천만 유로(약 600억 원)의 벌금을 물리는 법안을 추진했다.

기술적 시도, 법적 시도의 한계

하지만 가짜 뉴스의 피해를 법이나 규제로 차단하는 것도 한계가 있다. 허위 사실의 통신 또한 표현의 자유로 보호받는 영역이기 때문이다. 수정 헌법 제1조로 표현의 자유를 강하게 수호하는 미국의 경우는 허위 정보와 그 유통을 처벌하는 것이 거의 불가능하다.

우리나라에서도 쉽지 않다. 국내 헌법재판소는 2010년 12월, 이른바 〈미네르바 사건〉에서 허위 정보를 포함한 내용의 통신을 처벌하려는 것은 헌법적 가치인 표현의 자유를 침해한다고 결정한 바 있다. 헌법재판소는 당시 이 위헌 청구 소송에서 〈공익을 해칠 목적으로 허위의 통신을 한 경우 처벌〉하도록 규정한 전기 통신 기본법 제47조 1항에 대해 위헌 결정을 내렸다. 헌법재판소는 헌법상 기본권인 표현의 자유를 〈공익〉이라는 불명확하고 추상적인 규정으로 제한할 수 없다고 판단하고, 〈허위 사실〉 역시 표현의 자유 영역에 속해 보호를 받아야 한다고 밝혔다.

이미 존재하는 형법과 명예 훼손법, 정보 통신망법 등 사기성 허위 정보를 처벌할 수 있는 법적 근거가 충분하다는 점도 위헌 결정의 배경이다. 가짜 뉴스에 대한 대응은 새로운 법 제정과 처벌 강화로 이루어지기 어려운 문제이다. 국경을 넘나드는 인터넷 서비스의 속성과 표현의 자유로 보호되는 콘텐츠의 영역을 법으로 봉쇄하거나 처벌하는 것은 기본적으로 한계가 있기 때문이다. 가짜 뉴스 문제가 심각해지자 현 정부도 가짜 뉴스와의 전면전을 선언하고 별도로 강력한 법을 만들어 가짜 뉴스의 생산과 유통을 처벌하겠다고 밝혔으나, 유야무야되었다. 법규 제정을 위해 관련 규정들을 구체적으로 검토해 보았더니 헌법 정신에 비춰 거짓말과 허위 정보를 처벌하는 법을 만드는 것이 어렵고, 실제로 법을 집행하게 되면 표현의 자유를 억압하는 등 여러 부작용을 불러올 수 있다는 우려가 컸기 때문이었다.

가짜 뉴스의 생산과 유통은 기본적으로 디지털 기술 환경에서 발생하는 현상이고, 이용자의 자발적 선택에 의해 이루어지는 행위이다. 이는 무엇보다 가짜 뉴스가 법과 규제보다는 소셜 미디어라는 기술적 플랫폼 차원에서 해결되어야 하는 문제라는 점을 의미한다. 또한 이용자의 디지털 정보 활용 능력digital literacy 차원에서 접근해야 하는 사안이라는 점을 알려 준다.

언론사들은 의심스러운 주장이나 사실 여부가 논란인 정보에 대해서 진실 여부를 파헤쳐 보도하는 〈팩트 체크〉 코너를 운영하기도 한다. 가짜 뉴스와 거짓 정보를 가려내는 법을 알려 주는 구체적이고 유용한 도구이다. 하지만 가짜 뉴스 판별법이나 사실 확인도 한계가 있다. 인터넷에서 사라지지 않는 해킹hacking과도 같다. 창과 방패의 싸움처럼 아무리 철벽같은 보안 시스템을 운영해도 그것을 무력

화하는 해킹 기술은 새롭게 등장하고, 이를 막아 내기 위해 또다시 보안 시스템은 진화한다. 다음에 등장할 가짜 뉴스는 이러한 가짜 뉴스 판별법으로 걸러 낼 수 없도록 더욱 정교하게 조작된 형태로 등장할 것이고, 역시 이에 속는 사람 또한 생겨날 것이다. 아무리 정교한 가짜 뉴스 판별법을 만들어도 시간이 지나면 더 지능적인 가짜 뉴스가 등장하는 세상이다.

가짜 뉴스 판별법

가짜 뉴스는 소셜 미디어가 널리 활용되고 영향력이 커지면서 얼마나 많은 사람들이 거짓 정보에 빠져서 어리석은 판단을 하게 되는가를 보여 준다. 가짜 뉴스는 디지털과 소셜 미디어에서 뉴스와 정보를 제대로 읽는 법의 중요성을 알려 주는 사례이다. 기술이 발달하고 미디어 이용이 늘어날수록 정보를 제대로 판별하고 읽어 낼 줄 아는 능력이 더욱 중요해진다는 것을 가르쳐 주는 것이 가짜 뉴스의 역설적 기능이다. 가짜 뉴스가 미국의 대통령 선거를 뒤흔들 정도의 사회 문제로 불거지자, 가짜 뉴스를 판별하는 다양한 기법과 판별법이 제시되었다.

풀팩트 재단의 〈가짜 뉴스 판별법〉

가짜 뉴스가 심각한 정치·사회적 문제로 떠오르자 미국의 페이스북과 영국의 비영리 재단 풀팩트Full Fact는 공동으로 가짜 뉴스 판별법을 만들었다. 비전문가들도 손쉽게 활용할 수 있는 팩트 체크 방법이다.

1. 제목 비판적으로 읽기

가짜 뉴스나 부실한 뉴스의 제목은 기사 내용을 충실하게 요약하기보다 선정적 표현으로 독자의 눈길을 끄는 데 주력한다. 제목에 〈충격〉, 〈경악〉, 〈격분〉 등의 극단적인 감정 표현이나 느낌표(!)나 물음표(?) 같은 문장 부호를 남발하는 기사일수록 각별히 주의해야 한다.

2. 인터넷 주소(URL) 자세히 살펴보기

피싱 사기가 은행 주소를 흉내 낸 가짜 사이트를 이용하듯 가짜 뉴스도 인터넷 주소가 정상적 구조인지 살펴봐야 한다. 처음 들어 본 언론사라면 홈페이지로 가서 그동안 보도해 온 뉴스를 확인해 본다. 모바일이나 소셜 미디어로 전달받은 뉴스를 읽을 때는 주소가 바로 드러나지 않으므로 공유와 이용에 더 신경 써야 한다.

3. 뉴스의 출처(취재원) 확인하기

뉴스의 사실성을 검증하는 방법은 정보원과 출처를 확인하는 것이다. 육하원칙의 요소가 명확하게 드러나 있어 검증이 가능한지 확인하고, 해당 내용을 말한 사람이 누구인지를 따져 봐야 한다. 취재원의 실명이나 구체적 직위가 드러나 있지 않으면 의심한다. 취재 기자의 이름과 이메일이 명시되어 있는지도 살펴보고, 웹 사이트 하단에 콘텐츠 책임자와 연락처가 있는지도 확인한다.

4. 문법적 오류 확인하기(맞춤법, 어색한 문단)

가짜 뉴스는 제목만이 아니라 기사 본문에서도 적절하지 않은 표현을 많이 쓴다. 문장에서 주어와 술어의 호응이 어색하거나 오탈자 등 오류가 있으면 의심해야 한다. 뉴스는 객관성과 신뢰성을 위해서 형용사나 부사 등 감정적 표현을 잘 사용하지 않는다. 문장에서 분노나 놀람과 같은 감정을 부추기는 표현이 많다면 제대로 취재되고 작성된 기사가 아닐 가능성이 높다.

5. 사진 면밀하게 살펴보기

기사에 사진이나 동영상이 있으면 신뢰성이 높아지기 때문에 가짜 뉴스는 조작된 사진과 영상을 기사에 첨부하는 경우가 흔하다. 사진이 첨부되어 있다고 해서 무조건 믿기보다 사진의 조작 가능성도 의심하고 면밀하게 살펴봐야 한다. 사진 파일은 촬영 정보(EXIF)를 통해 다양한 정보를 확인할 수 있지만, 기사에 첨부된 사진은 그렇지 않기 때문에 조작 가능성도 높다.

6. 기사의 발행일 확인하기

기사의 육하원칙에는 날짜와 장소가 필수다. 날짜나 구체적인 발생 시간을 조작하거나 없애 버린 가짜 뉴스가 흔하다. 오래전 사건을 방금 일어난 것처럼 조작하거나 소셜 미디어를 통해서 유포하는 경우다. 똑같은 일이라도 언제 어떤 상황에서 발생했느냐에 따라 다른 의미를 갖는다. 뉴스 사이트에서 기사 등록과 수정 시각이 사건 발생보다 이르면 조작을 의심해야 한다.

7. 주장의 근거 확인하기

충격적 내용일수록 기사 내용의 근거와 정확도를 따져 봐야 한다. 통계표와 그래프가 제시되었다고 해서 무조건 신뢰하면 안 된다. 동일한 통계에 대해 다양한 해석이 가능하며, 여론 조사도 질문과 답변 항목 설계와 설문 대상 구성에 따라서 결과가 달라진다. 사진이나 동영상, 통계표가 제시된 경우도 의심스러울 땐 직접 검색을 통해 확인해 보는 습관이 필요하다.

8. 관련한 다른 기사 찾아보기

언론사 간 경쟁이 치열한 상황에서 중요한 사안은 다양한 언론사에서 기사를 쏟아 낸다. 수많은 언론사들이 동시에 취재하고 보도하는 사안은 가짜 뉴스일 가능성이 매우 낮다. 하지만 들어 보지 못한 언론사나 한 군데 사이트에서만 주장하는 내용은 일단 의심해 봐야 하고, 해당 언론사나 기자를 검색해 기존의 보도를 점검해 보는 것도 유용하다.

9. 풍자 또는 해학과 구분하기

외국에서는 권위 있는 신문들도 4월 1일 자 신문에 실제로 착각을 일으킬 만한 만우절 기사를 싣곤 한다. 해당 기사가 만우절용 독자 서비스라는 것을 알아차리지 못하고 사실로 오인해 보도하는 한국 언론의 오보 사례도 흔하다. 기사에서 언급한 내용이 유머와 패러디인지도 판별해야 한다.

10. 의도적인 가짜 뉴스인지 의심하기

사람은 자신이 기대하는 정보를 이용할 때 만족감을 느낀다. 자신의 정치적 성향이나 관심과 일치하는 뉴스를 이용하는 경향의 배경이다. 가짜 뉴스 제작자들도 사람의 이러한 성향을 이용해 사람들이 기대할 만한 뉴스를 만들어 확산시킨다. 자신이 기대하던 뉴스와 정보를 만날수록 비판적으로 진위를 검토하는 것이 요구된다.

이러한 구체적인 가짜 뉴스 판별법이 외국 전문 기관에서 만들어져 교육되고 있다는 것은 그만큼 가짜 뉴스가 많이 유통되고 있으며, 피해가 발생하고 있다는 것을 의미한다. 위의 열 가지 구체적인 팁의 공통된 속성은 바로 뉴스에 대한 이용자의 비판적 시선과 주체적 참여이다. 이는 읽는 사람이 뉴스를 보이는 그대로 믿지 않고 무엇을 근거로 삼았는지와, 그 판단의 공정성을 따져 보면서 이해하는 적극적인 노력을 기울여야 함을 뜻한다.

왜 미디어 리터러시인가

1
무한 정보 환경과 인식 능력

반도체 칩의 처리 능력이 약 24개월마다 두 배로 늘어난다는 〈무어Moore의 법칙〉은 정보 사회에서 정보가 폭발적으로 늘어나는 현상의 기술적 배경이 된다. 빅데이터 사회는 더 많은 데이터를 추구하지만 적절한 관리 도구와 능력을 갖추지 못하면 정보 과부하를 처리하지 못하는 부작용으로 이어진다. 인터넷과 모바일 환경에서 기계와 달리 인간의 인지 용량과 정보 처리 능력은 유한하다. 정보 과부하 현상이란, 정보는 무한하게 증가하는 반면 사람의 시간과 주의력은 제한적이라는 점에서 비롯된다. 정보가 늘어나고 접근이 편리해질수록 제한된 주의력을 적절하게 할당하는 일이 중요하다. 누구나 정보를 쉽게 만들어 유통할 수 있는 환경에서는 허위 왜곡 정보 또한 증가한다. 따라서 우리의 유한한 주의력과 시간을 헛된 곳에 빼앗기지 않고, 신

4장 왜 미디어 리터러시인가

뢰할 수 있고 유용한 정보에 기울일 수 있으려면 적절한 정보 식별력을 갖춰야 한다.

뉴스도 매스 미디어 시기와 달리 모바일 환경에서는 쉴 새 없이 제공된다. 뉴스의 접근과 이용이 편리해졌지만, 오히려 알고리즘과 필터 버블의 부작용에 빠지기 쉬운 환경이 되었다. 이런 뉴스의 무한 공급 환경에서 이용자가 주체적인 선별 능력을 갖지 못하면 정보 필터링에 실패한다.

특히 인터넷과 소셜 미디어에서는 뉴스의 출처와 형식이 한눈에 드러나지 않기 때문에 콘텐츠 식별 능력이 떨어진다. 매스 미디어 시절 신문·방송에서 뉴스는 다른 정보나 오락 콘텐츠와 쉽게 구분되었다. 하지만 스마트폰과 소셜 미디어에서는 뉴스와 정보, 오락 콘텐츠가 뒤섞여 노출되고 이용된다. 인터넷과 모바일에서는 다양한 언론사의 뉴스를 한 화면에서 손쉽게 볼 수 있고, 독자의 반응이나 의견도 함께 살펴볼 수 있어 편리하다.

뉴스의 형태와 출처를 구분하지 않고 이용하는 습관은 뉴스에 대한 이용자의 주의력을 떨어뜨리고, 뉴스를 수동적이고 무비판적으로 이용하게 만들 수 있다. 뉴스를 다양하게 이용할수록 출처와 신뢰성을 따져 봐야 하고, 작성자의 의도를 파악해야 한다. 디지털 환경에서는 이를 식별하는 능력이 위협받고 있다.

이용자가 주의를 기울이지 않은 채 수동적으로 많은 뉴스를 이용하는 현실은 허위 왜곡 정보가 번지기 쉬운 환경이다. 사건의 발생과 뉴스는 배경과 맥락을 고려할 때 종합적으로 이해될 수 있는데, 디지털 환경에서 뉴스 이용은 탈맥락화하고 개별화하기 쉽다. 뉴스가 사회적으로 수행해야 하는 공공성과 공론장 역할도 달라졌다. 뉴스 이용에서 매스 미디어 등 생산자의 역할보다 이용자의 권한과 선택권이 커진 데 따라 이용자가 적극적으로 수행해야 할 역할이 이전보다 늘어났다. 새로운 정보를 적극적으로 받아들이는 능력은 본능적이지만, 이를 비판적으로 따져 보고 수용하는 능력은 비본능적이다. 그만큼 어려운 일이지만, 비판적 사고를 길러 정보 판별 능력을 갖추는 것이 이제는 생존을 위한 개인적·사회적 과제가 되고 있다.

인지적 관성과 미디어 발달에 따른 지체 현상

허위 정보 유포에는 최신 기술이 활용되지만, 이용자들의 정보 이용 습관과 진위 판단 능력은 쉽게 변하지 않는다. 사진과 동영상의 경우, 과거에는 전문가나 전문 스튜디오에서 편집·조작이 가능했다. 이제는 디지털 도구와 인공 지능 기술의 발달로 사람이 식별할 수 없는 수준의 감쪽같은 가짜 동영상 및 음성 대화를 손쉽게 만들어 낸다.

가짜 뉴스를 만드는 세력은 최신 기술을 이용해 감쪽같이 조작한 동영상을 퍼뜨리지만, 대부분의 이용자들은 동영상을 보면서 조작되었을 것이라는 생각을 하지 못한다. 합성·조작 기술이 계속 발달하는 것과 달리 인간의 이성적 능력, 즉 비판적 사고력은 단기간에 개선되기 어렵다. 기술 등 물질문화의 빠른 발달 속도에 비해 사회 제도와 관습 등 비물질문화의 느린 적응을 의미하는 〈문화 지체〉가 인포데믹 현상에서도 나타나고 있다.

〈세 사람이 짜고 거짓말을 하면 없던 호랑이도 만들어 낸다〉는 삼인성호(三人成虎)라는 말이 있다. 현재의 인포데믹 현상은 진실 검증 도구의 부족과 정보 접근의 어려움 때문에 생겨난 것이 아니다. 오히려 이용자가 스마트폰과 소셜 미디어 같은 편리한 도구에 지나치게 의존하고, 주체적인 사고 능력 없이 무비판적인 수용 위주로 이용하는 태도에서 생겨난 부작용이다.

2
우리는 왜 거짓 정보에 현혹되는가

유사 이래 언제나 사회에는 거짓말과 사기 정보가 난무했지만, 오늘날처럼 수많은 가짜 뉴스가 큰 영향을 끼치면서 사회 문제가 된 적은 없었다. 이는 우리나라뿐만 아니라 전 세계적인 현상이다. 왜 과학 기술이 발달하고 시민들의 학력과 교양 수준이 높아진 21세기 디지털 시대에 가짜 뉴스에 현혹되는 어리석은 사태가 벌어질까.

〈인지적 구두쇠〉로서의 인간

가짜 뉴스를 만들고 퍼뜨리는 집단의 정보 활용 능력은 갈수록 교묘해지고 있다. 하지만 이용자가 정보를 이용하는 습관과 진위 판단 능력은 웬만해서는 변하지 않는다. 사진과 동영상을 예로 들어 보자. 과거에 사진 조작은 포토샵을 다룰 줄 아는 그래픽 전문가의 일이었다. 영화 속 컴퓨터 그래픽은 할리우드 스튜디오에서나 가능한 일이었다. 그런데 지금은 누구나 사진을 마음대로 조작할 수 있고, 공짜 편집 도구를 이용해 동영상과 음성 파일도 얼마든지 손쉽게 합성할 수 있는 환경이 되었다. 하지만 사람들은 여전히 사진과 동영상이 있는 정보면 〈분명한 사실〉이라고 쉽게 믿는다. 많은 사람들은 최신 기술의 발달 정도를 알지 못하고, 기존의 인식 관행을 바꾸지도 않는다.

가짜 뉴스 세력은 인공 지능을 사용해 감쪽같은 허위 정보를 만들어 퍼뜨리고 있는 데 반해, 이용자들의 인지 능력과 비판적 사고력은 오히려 뒷걸음질치고 있다. 니콜라스 카Nicholas Carr의 저서 『생각하지 않는 사람들: 인터넷이 우리의 뇌 구조를 바꾸고 있다Shallows: what the Internet is doing to our brains』에서 지적한 것처럼 인터넷의 편리함 때문에 사람들이 꼼꼼하게 생각하지 않는 경향이 심화되고 있다.[1] 인간의 이성적 능력, 즉 비판적 사고력은 단기간에 개선되지 않는다. 〈소셜 미디어 플랫폼을 작동시키는 알고리즘은 우리의 감정적 반응을 이용하는 방식으로 구성되어 있지만,

1   니콜라스 카, 『생각하지 않는 사람들: 인터넷이 우리의 뇌 구조를 바꾸고 있다』, 최지향 옮김, 청림출판, 2011.

가짜 뉴스와 허위 정보를 막기 위해 제시된 해결책은 사람의 이성적 대응을 전제로 하고 있다)고 진단하는 전문가도 있다.[2]

〈만물의 영장〉인 사람은 뛰어난 인지 능력을 갖고 있지만 과신할 것은 못 된다. 오히려 사람의 인지 능력은 본질적으로 다양한 편견과 오류 성향을 지니고 있다고 여겨야 한다. 사람은 객관적·사실적 증거에 기반해 판단하는 게 아니라, 다른 사람들의 말과 의견에 아주 쉽게 영향을 받는 존재이다.

그런데 문제는 앞으로 가짜 뉴스 현상이 보편화되면서 문제가 더 심각해질 것이라는 점이다. 인터넷이 만인의 도구가 됨에 따라 사기꾼과 음모가의 수단으로도 쓰이기 때문이다. 2019년 초, 미국의 한 인공 지능 연구 기관이 키워드나 문장 한두 개를 제시하면 순간적으로 전문가 수준의 기사와 단편 소설 등 글쓰기를 창작하는 기술을 개발했다.[3] 인공 지능이 쉴 새 없이 뉴스와 블로그, 사용기, 댓글

2   Claire Wardle, Hossein Derakhshan, "How did the news go 'fake'? When the media went social", *The Guardian*, 2017. 11. 10.
3   「인공 지능 때문 〈짜가가 판치는 세상〉 오나?」, 『한겨레』, 2018년 2월 18일.

을 만들어 낼 수 있는 기술이다. 앞서 살펴본 딥페이크 인공 지능을 활용하여 감쪽같은 가짜 동영상과 가짜 사진이 만들어질 수 있다. 그리고 가짜가 많아져 진짜를 덮어 버리는 상황이 올 수도 있다. 2013년 세계 경제 포럼은 「대량의 잘못된 디지털 정보가 현대 사회 주요 리스크의 하나」라는 보고서를 발표했다. 컨설팅 기업 가트너Gartner는 2017년 10월 「미래 전망 보고서」에서 〈2022년이 되면 대부분의 사람들이 진짜 정보보다 가짜 정보를 더 많이 접하게 될 것〉이라는 전망을 내놓았다.[4] 정보 사회에서는 비판적 사고력을 갖추지 못하면 가짜 정보에 현혹되어 어리석은 결정을 내릴 위험성이 그 어느 때보다 높다.

사람은 왜 가짜 뉴스 같은 편견과 오류에 쉽게 빠지는 것일까? 현대의 연구 결과는 인간의 왜곡되고 불완전한 인식 능력의 생존 본능 차원에서 비롯되었다는 사실을 설득력 있게 제시한다. 심리학적 연구로 2002년 노벨 경제학상을 받은 행동경제학자 대니얼 카너먼Daniel Kahneman은 사람의 인지 시스템이 두 가지로 구성되어 작동한다고 주장했다.[5]

4　 "Gartner Reveals Top Predictions for IT Organizations and Users in 2018 and Beyond", Gartner Press Release, 2017. 10. 3.
5　 대니얼 카너먼, 『생각에 관한 생각』, 이창신 옮김, 김영사, 2018.

시스템 1은 감정적이고 직관적이며 반사적인 판단이다. 일부러 생각할 필요 없이 머릿속에서 떠오르는 대로 빠르게 판단하는 정신 활동을 말한다. 운전 도중에 갑자기 나타난 장애물을 피하거나, 뷔페의 많은 메뉴에서 신선하고 보기 좋은 음식을 보자마자 선택하는 것이 이런 시스템 1의 작용이다. 이와 달리 시스템 2는 직관과 본능이 아니라 이성의 영역으로, 심사숙고와 성찰을 거치며 작동하는 〈느리게 생각하기〉이다. 글을 쓰거나 시험 문제를 푸는 일, 비판적 사고가 바로 시스템 2의 대표적인 사례이다.

카너먼은 인간 사고 능력에서 감정과 직관에 따라 작동하는 시스템 1과 이성에 따라 움직이는 시스템 2에는 각각 제 역할이 있다고 설명한다. 이성적 사고가 인간의 가장 고차원적 능력이지만, 시스템 2에만 의존하면 빠른 대처를 하지 못해 수시로 위태로운 상황을 만나게 될 것이다. 직관과 감정에 의해 반사적으로 작동하는 시스템 1은 인류가 오랜 진화 과정을 거치는 동안 발달시켜 왔으므로, 생각할 필요 없이 자동적으로 판단하도록 형성된 뇌의 회로이다. 숙고하는 과정 없이 직관적으로 반응하는 인지 시스템은 수백만 년에 이르는 구석기 시기 동안 형성되어 인류의 생존을 가능하게 한 도구였지만, 동시에 이성적 판단을 저해하는 다양한 편향성을 만든 원인이기도 하다.

비판적 사고라는 날카롭고도 강력한 인지 도구를 지닌 인간이 각종 오류를 불러오는 낡은 본능과 직관에 의존하는 까닭은 무엇일까? 우리의 사고가 이루어지는 두뇌의 특성을 이해하는 게 먼저다.

사람의 뇌는 전체 몸무게의 50분의 1에 불과하지만, 산소 소비량의 20퍼센트를 사용하는 에너지 과소비 기관이다. 뇌는 산소 공급이 몇 분만 중단되어도 회복이 불가능한 치명적 손상을 입는, 중요하고 민감한 종합 통제 센터이다. 뇌는 잠시라도 작동을 멈춰서는 안 되므로, 항상 일할 수 있는 상태로 준비되어 있어야 한다. 뇌는 인지적으로 여유 자원을 확보하고 있어야 만약의 긴급 상황에서도 작동할 수 있다. 전력 예비율이 항상 일정 정도 필요한 것과 비슷하다. 그래서 뇌는 우회로가 있거나 자동화할 수 있는 방법이 있으면 그 경로를 사용해서 뇌에 주어지는 부하를 최대한 줄이려는 경향이 있다.

인지 심리학에서는 이러한 우리 뇌의 절약 속성을 〈인지적 구두쇠cognitive miser〉라고 말한다. 뇌는 인지적으로 많은 자원을 쓰면서 어떤 생각을 깊게 하는 것 자체를 싫어하는 경향이 있다는 걸 지칭하는 심리학 용어이다. 인지적 구두쇠는 사람이 매번 새로이 생각하거나 비판적으로 검토하는 대신 고정 관념이나 앞선 경험, 각종 편향에 의존하는 이유를 설명해 준다. 사람은 생각하는 과정을 최소화해서 뇌의 자원을 아끼려는 본능적 경향을 갖고 있기 때문이다.

그러므로 비판적 사고를 갖추기 위해서는 우리의 뇌가 인지적으로 게으른 구두쇠이고, 구석기 시대 때부터 형성되어 온 각종 편향의 지배를 받는다는 것을 깨달아야 한다. 이는 타고난 사고방식을 의도적으로 개선하려고 노력하지 않으면 절대로 비판적 사고에 도달할 수 없다는 것을 뜻한다. 교육과 학습을 통해 비판적 사고에 이르는 길은 다양하고 멀기 때문에, 비판적 사고를 막는 본능적 성향을 깨닫는 일이 모든 것에 앞선 공통된 출발점이다. 인간의 인지 능력이 탁월하고 소중함에도 기본적으로 편향되고 부정확하다는 것을 깨달으면, 자신의 부족하고 왜곡된 사고방식을 개선하기 위해 노력하게 된다.

3
한국 사회와 비판적 사고

사실이 아닌 뉴스는 세 종류로 분류할 수 있다.

첫째, 오보이다. 뉴스 기사는 공문서나 학술 논문이 아니다. 언론 보도는 시간이 생명인 만큼 그 시점에서 파악 가능한 사실을 빨리 전달하는 게 생명이다. 속성상 뉴스는 불완전하고 오보 가능성을 안고 있다. 또한 사실로 알려진 정보도 나중에 진위가 달라지고, 진범이 체포된 덕에 범인으로 구속된 사람이 풀려나기도 한다. 과학의 진전에 따라 식품 첨가물 사카린과 MSG는 누명을 벗었고, 반대로 가습기 살균제는 치명적 위해성이 드러났다. 과거 사카린, MSG, 가습기 살균제 등을 다룬 대부분의 기사는 결과적으로 오보가 되었다.

둘째, 가짜 뉴스이다. 〈메르켈 독일 총리는 히틀러의 숨겨진 딸이다〉, 〈1980년 5·18은 북한군이 일으켰다〉는 등 근거도 없고 사실과 부합하지도 않는 주장이 뉴스로 포장되어 특정 계층 사이에서 유포된 바 있다. 황당한 거짓 정보이지만 뉴스의 형태를 띠고 있다는 점과, 자신의 정치적 성향에 맞는 이야기이면 진위를 따지지 않고 무조건 믿는 사람들 사이에서 주로 공유되고 있다는 것이 공통점이다.

셋째, 왜곡 보도이다. 가짜 뉴스는 사실이 아닌 것을 조작해 거짓이라는 게 쉽게 드러난다면, 왜곡 보도는 사실을 교묘하게 짜깁기하고 가공해 진위 판별이 어렵다. 의도를 품고 팩트를 자의적으로 취사선택하거나 특정한 방향으로 해석해 짜 맞추는 보도 형태이다. 오보가 부주의 때문에 만들어진다면, 왜곡 보도는 언론 기술자들이 의도적으로 만들어 내는 나쁜 뉴스이다. 산을 가리키는데 손가락만 따지는 보도이거나, 지엽말단(枝葉末端)의 사실로 중요한 본질을 덮으려는 것이 이런 왜곡 보도이다.

오보, 가짜 뉴스, 왜곡 보도는 사실이 아닌 보도로 피해를 가져온다는 점에서 동일하지만, 그중에서도 유독 피해가 큰 것은 왜곡 보도이다. 오보는 앞서 살펴보았듯 어쩔 수 없는 경우도 적지 않다. 지식과 접근 방법의 한계, 그리고 부주의 때문이다. 한동안 DDT는 노벨상을 받은 무해한 살충제였으며, 명왕성은 태양계 행성이었다. 오보는 현재 아무리 진실로 보여도 나중에 새로운 발견으로 인해 달라질 수 있다는 걸 알려 준다. 가짜 뉴스는 선거나 중요한 정치적 국면에서 빠르게 파급되어 피해가 크지만, 맥락과 배경 지식을 지닌 사람에게는 허위 조작이 비교적 쉽게 밝혀지게 마련이다. 가짜 뉴스는 잠깐 동안 사람들을 놀라게 할 수 있지만 오랫동안 유지될 수는 없다.

사람들을 속이는 진짜 위험한 뉴스는 왜곡 보도이다. 의도를 갖고 사실과 거짓을 교묘하게 짜깁기해서 사실로 보이게 만들어 사람들을 속이고 특정 집단의 이익을 꾀하기 때문이다. 가짜 뉴스는 뻔히 거짓이 드러나는 통에 신문, 방송에서는 기사로 보도되지 않는다. 하지만 왜곡 보도는 버젓이 주요 언론을 통해서 기사 형태로 보도된다. 부실한 보도, 왜곡 보도 감별은 이용자의 비판적 읽기를 통해서 가능하다.

원래 〈비판적critical〉이라는 말은 그리스어 〈크리네인 krinein〉에서 나온 것이다. 비평critic이라는 단어의 어원이기도 하다. 그리스어에서 krinein은 〈정확하게 가른다〉, 〈식별하다〉, 〈판단하다〉라는 뜻을 지닌다. 따라서 〈비판적 사고〉는 주어진 지식이나 주장을 수동적으로 받아들이는 것이 아니라, 스스로 그 지식과 주장이 참인지 거짓인지, 유용한지 무용한지를 주의 깊게 따지면서 생각하는 것을 의미한다. 영어에서 critical은 〈비판적〉이라는 뜻과 함께 〈매우 중요한〉, 〈결정적인〉, 〈필수적인〉이라는 의미를 지닌 단어이다.

우리말에서의 쓰임은 서구 언어권과 다르다. 『표준 국어대사전』에서 〈비판〉은 〈현상이나 사물의 옳고 그름을 판단하여 밝히거나 잘못된 점을 지적함〉으로 풀이되어 있다. 하지만 실제로 〈비판적〉이라는 말이 우리말에서 쓰일 때는 옳고 그름을 판단해 가린다는 의미보다 잘못된 점을 지적하고 비난하는 의미인 경우가 일반적이다. 〈이성적으로 판단하다〉라는 의미보다 〈삐딱하고 부정적으로 보다〉는 의미에 더 가깝게 쓰인다. 〈그 사람은 매사에 비판적이야〉라는 말에서는 〈모든 일을 합리적이고 이성적으로 사고해 옳고 그름을 분간하는 사람〉이라는 이미지가 연상되지 않는다. 이러한 인식 때문에 우리 사회에서 〈비판적 사고〉는 대개 환영받지도, 중요성을 인정받지도 못하고 있다.

한국 사회에서 비판적 사고가 유난히 자리 잡기 어려웠던 배경이 몇 가지 있다. 첫째, 비판과 반대를 허용하지 않은 군사 독재 정권 탓이 크다. 1961년 5·16 쿠데타 이후 군사 독재 정권이 수십 년간 획일적이고 권위적 통치를 해오는 동안 비판적 사고는 반(反)국가적이고 반사회적인 행위로 간주되었다. 학교 교육과 사회생활에서 비판적 사고를 교육하거나 격려하는 일은 거의 없었다. 정통성이 취약한 군사 독재 정권은 시민들의 주권 의식과 비판적 사고를 무엇보다 두려워하고 탄압했다. 군사 정권은 전 국민에게 획일적 가치와 기준을 제시하고 맹목적 수용을 강요했다. 조직과 상관의 명령을 무조건 따르는 상명하복(上命下服)을 생명으로 여기는 군대가 사회를 통치하는 시기였다. 〈비판적 사고〉라는 어휘를 만나면 중요한 지적 능력이라는 느낌 대신 공포와 두려움을 느끼는 것이 유신 시절을 경험한 세대의 정서이다.

둘째, 전통과 권위를 중시하는 유교 문화의 영향으로 나이 많고 지위가 높은 사람에게 반대 의견을 표시하기 힘든 사회 풍토가 자리하고 있다. 〈찬물도 위아래가 있다〉는 말처럼, 얼마 전까지 우리 사회에서는 나이 어린 사람이 윗사람에게 자유롭고 대등하게 발언하기가 어려웠다. 지금도 말다툼 도중에 빠지지 않고 〈그런데 당신은 몇 살이냐〉, 〈어디서 어른한테 말대꾸냐〉라는 말이 나오는 걸 보면 유교적 위계 문화는 뿌리가 깊다. 자신의 의견을 자유롭게 펼칠 수 없는 환경에서 비판적 사고는 〈그림의 떡〉이다.

비판적 사고는 기존의 지식과 권위, 전통 등 어떠한 형태의 정보든지 근본적으로 의심하고 성찰하면서 더 나은 앎을 추구하는 지적 도구이다. 하지만 우리 사회와 교육 시스템에서 비판적 사고는 환영받지 못했고, 기피와 탄압의 대상이었다. 기득권층이 보면 비판적 사고는 자신과 전통 가치를 비난하고 배격하는 도전이자 불신, 의심, 권위의 부정으로 보인다.

셋째, 절차와 과정보다 효율성과 결과를 우선시하는 사회 문화 때문이다. 창의성이 우리 사회에서 뿌리내리기 어려운 이유와 같다. 정해진 목표를 빠르게 달성하는 것이 목표인 효율성 위주의 한국 사회에서, 그 목표에 대해서 비판적으로 묻고 이의를 제기하는 행위는 환영받지 못했다. 학교 교육도 과정보다 결과를 중시하는 주입식 교육 위주였다. 시험을 앞두고 공부할 시간이 부족하면 〈무조건 외우기〉가 학습 전략인 것이 현실이다. 〈닥치고 암기〉가 많은 시험에서 실제로 유용하다는 것은 문제의 심각성을 알려 준다. 국가적으로 중요한 현안을 결정할 때도 필요한 토론과 절차를 생략하고 임기 안에 서둘러 마무리하려는 정책으로 나타나기도 한다.

비판적 사고의 네 가지 도구

날마다 만나는 다양한 뉴스와 정보는 비판적 사고를 훈련하기에 좋은 대상이다. 고등 교육으로 정규 교육 과정은 끝나지만, 쉼 없이 진전하고 변화하는 지식과 기술을 따라잡기 위해서는 누구나 생애 내내 학습을 해야 하는 평생 학습 시대이다. 평생 학습은 일상에서 책과 언론 미디어를 통해서 이루어지는데, 이때 얼마나 책과 뉴스 미디어를 제대로 파악하고 활용하는 능력을 갖추고 있느냐에 따라 개인들 간에는 엄청난 격차가 생겨난다. 정규 교육 이후 일상생활에서 미디어를 통해 정보를 받아들이고 활용하는 능력이 미디어 리터러시(미디어 문해력)이고, 그것의 핵심을 이루는 능력과 도구가 〈비판적 사고〉이다. 이제 일상생활에서 미디어를 이용하며 비판적 사고를 훈련할 수 있는 네 가지 핵심 도구를 살펴보자.

지금보다 더 나은 지식이 있다

첫째, 모든 지식과 정보는 완벽하지 않다는 것을 아는 것이다. 사람이 만들어 낸 지식은 아무리 유용하고 당연한 진리처럼 보이더라도 더 나은 것으로 대체될 수 있다는 것을 인정해야 한다. 지식은 주체와 시점에 따라 가변적이다. 〈내

눈〉에 아무리 확실해도 다른 사람에게는 다르게 보일 수 있으며, 또 〈지금〉 아무리 타당해도 다른 시점에서 보면 그렇지 않은 지식이 무수히 많다. 그래서 우리가 만나는 지식과 정보의 대부분은 〈불변의 진리〉가 아니라, 유효 기간이 있는 〈가변적 지식〉이다. 아무리 모든 사람들이 확신하고 있고 스스로 경험한 사실이라고 해도 변화할 수 있다.

가장 어리석은 사람은 지식이 적은 사람이 아니라, 자신이 아는 것이 절대적 진리라고 맹신하는 사람이다. 기존 지식에 대한 확신은 새로운 앎을 막는 걸림돌이다. 조선 후기의 지식인 대부분은 불철주야 공부했지만 대상은 유교 경전이었다. 주자학에 대한 조선 지식인들의 지나친 확신은 이웃 나라 일본이나 중국의 지식인들이 새로운 지식과 문물을 받아들이는 동안 조선의 지식적 지평을 과거에 머무르게 했고, 이는 민족의 비극으로 이어졌다.

새로운 지식에 대한 열린 태도는 학자와 지식인뿐만 아니라 모든 사람에게 필요한 도구가 되고 있다. 내가 지금 알고 있는 지식과 처리 방식보다 더 나은 것이 있고, 앞으로도 얼마든지 더 좋은 것이 나올 수 있으며, 그 변화와 개선의 흐름은 지속될 것이라는 믿음은 지속 학습으로 이끌기 때문이다. 천동설은 지동설에 의해, 아인슈타인의 이론은 양자 역학에 의해 끊임없이 대체되어 온 것이 인류 지식의 역사이다.

주장이 세워진 근거를 흔들어라

둘째, 해당 주장이 무엇에 근거하는지를 살펴야 한다. 어떤 주장이 유용하거나 사실에 부합하는지를 따져 보는 가장 손쉬운 방법은 그 주장의 전제와 숨겨진 가정을 먼저 발견하는 것이다. 다시 말해 주장 자체보다 그 전제와 가정이 얼마나 탄탄하고 논리적인가를 살펴보는 것이다. 건물이 아무리 튼튼하고 멋져 보여도 눈에 보이지 않는 부분인 기초가 부실하면 무너지듯이, 그럴싸해 보이는 논리도 전제가 잘못되어 있거나 엉터리라면 거짓이다.

간단한 예는 누구에게나 친숙한 삼단 논법이다. 〈모든 사람은 죽는다. 소크라테스는 사람이다. 고로 소크라테스도 죽는다〉라는 삼단 논법에서 결론은 앞의 두 문장으로부터 유추된다. 일상에서 만나는 언론이나 논쟁에서의 논리 전개도 이처럼 삼단 논법으로 진행되는 경우가 많다. 삼단 논법에서 결론이 논리적인지 혹은 필연적인지를 검증하려면, 앞선 두 문장이 사실에 부합하는지를 살펴보는 것이 효과적이다.

적극적으로 주장을 펼치는 사람도 정작 자신이 무엇을 당연하게 여기는지 모르는 경우가 많다. 그래서 주장의 근거를 묻는 질문을 던지면 자가당착에 빠지거나 답변하지 못하는 경우가 흔하다. 논리 주장은 하나의 문장이 아니라, 탑 쌓기처럼 단계적으로 사실과 논리를 쌓아 올리는 작업이다. 그런데 많은 논리 주장에는 말하는 사람도 의식하지 못한 〈숨겨진 전제〉가 깔려 있다. 말하는 사람이 감추고 있는 숨겨진 전제를 들추어내면, 논리 전개가 맞는지 쉽게 검증해 볼 수 있다. 소크라테스가 소피스트들과의 대화에서 보여 준 교육 방법도 소피스트들이 당연한 것으로 전제한 믿음과 지식을 흔들어 자신들의 무지와 잘못을 일깨우는 방식이었다.

의도를 읽어라

셋째, 말하는 사람의 의도를 읽어 내는 게 중요하다. 모든 주장이나 정보는 사람이 만들어 내는 것인데, 사회에서 우리가 직면하게 되는 사람들의 행동에는 늘 의도가 내포되어 있다. 말하는 사람의 의도를 파악하는 가장 편리한 방법은 그렇게 주장함으로써 그가 어떠한 이득을 얻게 될까를 생각해 보는 것이다. 북한 관련 허위 정보 또한 진위를 따지기에 앞서 누구에게 이득이 될지를 먼저 생각해 본다. 이런 종류의 정보는 주로 해당 정보로 이득을 보는 세력에 의해 유통되고 증폭되는 경향이 있다.

국회의원 선거, 지방 선거 때가 되면 출마 후보들은 유권자들에게 공손하게 인사를 하고, 장밋빛 청사진을 제시한다. 하지만 당선 이후에는 정치인들의 태도가 돌변하는 경우도 적지 않다. 정치인들의 발언뿐만이 아니다. 이해관계가 있는 사이에서는 상대의 의도가 발언 내용보다 훨씬 중요하다. 사기꾼과 허위 정보에 쉽게 넘어가는 이유는 크게 두 가지 경우, 즉 문해력 부족과 일확천금에 대한 욕망 때문이다. 거액의 시세 차익과 수익이 보장된다는 부동산 분양 광고 등이 흔한 사례이다. 광고의 큰 제목만 읽고 작은 글씨로 구석에 적힌 단서 조항과 사업자의 의도를 읽어 내지 못하면 사기성 정보에 현혹된다. 또 스스로 일확천금의 욕망에 빠지면 광고가 내세우는 정보의 진위를 꼼꼼히 따지기보다 자신이 기대하는 방향으로만 정보를 해석하게 된다.

『논어』에서 공자도 비판적 사고를 거듭 강조하는데, 끌릴수록 의도를 비판적으로 살펴봐야 한다고 제자들을 깨우친다. 〈견리사의(見利思義: 이익을 보게 되면 그것이 옳은 것인지를 따져 보라〉도, 〈교언영색(巧言令色: 아름다운 말과 웃는 얼굴)〉도 모두 표면적 행위에 감춰진 의도를 파악해야 함을 강조한 가르침이다. 이익이 분명해 보이거나 말이 그럴싸할수록 그 의도를 따져 봐야 한다는 이야기이다. 비판적 사고를 훈련하는 방법은 해당 논리와 주장이 등장하는 배경과 맥락을 고려하는 것이다. 같은 발언도 어떤 상황에서 사용되는지에 따라 전혀 다르게 이해된다. 말하는 사람의 의도는 발언의 진위를 따질 때 무엇보다 중요한 배경이자 맥락이다.

공짜가 없는 세상이지만 인터넷에는 무료 서비스가 적지 않다. 하지만 정부나 비영리 조직 등이 운영하는 것이 아니라, 기업이 운영하는 서비스의 대부분은 별도의 수익 모델이 있어서 작동한다. 대부분 광고 또는 이용자 개인 정보를 활용해 돈을 버는 구조이다. 〈어떤 서비스가 무료라면 당신은 고객이 아니라 상품이다〉라는 지적에 고개를 끄덕이게 되는 이유이다.[6] 논리와 언어가 화려하고 매력적일수록 의도를 읽어야 말의 진짜 의미를 파악할 수 있다.

6   더글러스 러시코프, 『통제하거나 통제되거나』, 김상현 옮김, 민음사, 2011.

사실과 의견을 구분하라

넷째, 사실과 의견을 구분하는 능력이 필요하다. 사실은 객관적으로 존재하기 때문에 보는 사람에 따라 달라지지 않는 실체이고, 참과 거짓을 가릴 수 있다. 반면에 의견은 사람이 무엇에 대해서 갖는 생각이기 때문에 사람마다 다르고, 참과 거짓의 영역이 아니다. 객관적 사실과 누군가의 주장을 구분하는 것은 간단해 보이지만 매우 어려운 일이다. 현실에서 사실과 의견은 구분되지 않고 뒤섞인 형태로 나타나기 때문이다. 뉴스 기사가 그렇고, 토론에서 주장을 펼치는 논객의 발언에도 사실과 의견이 섞여 있다. 분명한 의견을 주장하는 논객도 항상 사실과 통계를 언급하며 그것을 기반으로 주장을 펼친다.

민주주의 사회는 기본적으로 사상과 표현의 자유를 보장하기 때문에 의견은 누구나 다양하게 펼칠 수 있다. 내가 동의하지 않는 주장을 펼치는 사람의 생각이라고 해서 잘못된 것은 아니다. 영국 신문 『가디언』의 편집국장 찰스 스콧Charles Scott이 1921년에 쓴 〈의견은 자유이지만 사실은 신성하다Comment is free, but facts are sacred〉라는 말은 언론에서 철칙으로 통용된다.

특정한 의견 자체가 문제가 아니라, 잘못된 사실을 근거로 한 의견과 주장이 문제이다. 그래서 주장을 펼치는 사설이나 칼럼 같은 의견 기사를 읽을 때에도 글에 담긴 주장과 논리가 근거한 사실이 옳은지를 따져 보아야 한다. 칼럼과 사설 같은 글을 비판적으로 읽는 훈련이 도움이 되는데, 언론사의 사설이나 칼럼이 공개적으로 사실 자체를 부인하거나 조작하는 경우는 드물다. 가짜를 진짜라고 주장하는 경우는 가짜 뉴스와 조작 같은 수준 낮은 경우이고, 잘못된 주장의 글이나 논리는 부분적 사실을 전체로 간주하거나 확대 해석하는 경우가 흔하다. 어떠한 사건이 발생했을 때, 중요한 것은 그 사건이 다른 현상들과 분리되어 개별적으로 발생한 것인지, 아니면 다른 조직적이고 구조적인 문제로 인해서 생겨난 것인지를 파악하는 일이다. 구조적인 문제가 아닌데 조직과 전체의 문제로 다루는 경우, 또 반대로 구조적인 차원의 문제인데 개인의 특수한 상황과 성격으로 보는 경우 모두 잘못된 것이다.

　기사를 읽거나 누군가의 발언을 들으며 사실과 의견을 구분해 보는 것은 비판적 사고를 훈련하는 유용한 방법이다. 프랑스와 영국 등은 학교 교육에서 다양한 미디어 교육을 실시하는데, 의견과 사실을 구분하는 법을 가르쳐 비판적 사고를 함양하는 것이 그 교육의 중요한 목표이다.

4
디지털 미디어 리터러시

디지털은 아날로그와 다르고 기계를 위한 언어이다. 이것은 디지털 세상에서는 누구나 새로운 정보 활용 능력을 갖춰야 함을 의미한다. 그러기 위해서는 디지털 정보의 속성과 구조에 대한 이해력, 활용 능력을 뜻하는 새로운 문해력이 필요한데, 이를 〈디지털 미디어 리터러시〉라고 말한다. 가짜 뉴스를 생산하고 유포하는 세력은 나쁜 의도만이 아니라, 디지털에 대한 전문성을 갖추고 정보 유통을 의도대로 활용할 수 있는 능력을 보유한 집단이다. 이에 비해 가짜 뉴스를 소비하고 무비판적으로 수용하는 일반 대중은 정보 기술과 소셜 미디어에 대한 지식과 이해가 낮은 디지털 리터러시 취약층이다. 두 집단 간의 디지털 활용 능력의 격차가 가짜 뉴스의 확산과 피해를 가져오는 배경이 된다. 이 때문에 허위 왜곡 정보에 대한 대책은 서비스 플랫폼 차원의 기술적 조처와 함께 이용자의 디지털 리터러시를 높이는 방법으로 함께 진행되어야 한다.

가장 강력한 필터는 사용자의 머리

오늘날 누구나 정보와 뉴스를 언제 어디서나 읽고 전파할 수 있게 됨으로써 모든 이용자는 매체 발행인 수준의 역량을 지니게 되었다. 하지만 이렇게 달라진 환경에 요구되는 디지털 미디어 리터러시 교육은 제공되지 않았다. 더욱이 가짜 뉴스는 처음부터 가짜로 확연하게 드러나지 않는다. 이용자의 신념과 인지 체계에 부합하고 부분적 사실과 오류를 뒤섞은 사기성 정보이기 때문에 정체를 식별하기가 어렵다. 사기 범죄는 사기범을 처벌하거나 허가받지 않은 거래를 금지하는 것으로 사라지지 않는다. 사기꾼은 항상 새로운 수법으로 등장하고, 정보 기술을 활용하여 더욱 교묘해진다. 가짜 뉴스의 상황은 디지털 세상을 사는 새로운 시민성, 즉 디지털 시티즌십digital citizenship이라는 장기적 관점에서 모든 시민이 비판적 정보 이용 능력을 갖출 수 있도록 하는 디지털 미디어 활용 교육의 필요성을 거듭 일깨운다.

2018년 한국을 찾은 구글의 빈트 서프Vint Cerf 부사장도 가짜 뉴스를 기술적 방법으로 막는 것에는 한계가 있으며, 〈가장 강력한 필터는 사용자의 머리로, 정보가 어디서 오는 것인지, 입증할 만한 다른 증거는 있는지를 직접 판단해야 한다〉면서, 〈비판적 사고를 통해 사용자가 판단해야 한다〉고 말했다. 진짜와 가짜를 거의 구별하기 힘든 환경일수록 가짜 같은 진짜의 영향력이 커지게 되었고, 진짜와 가짜를 식별할 줄 아는 〈비판적 사고〉라는 지적 능력이 무엇보다 중요해졌다.

디지털 리터러시는 미디어에 대한 이해와 활용에 국한되지 않는다. 평생 학습을 통해서 끊임없이 배우는 태도이자 디지털 세상을 지혜롭게 살아가는 힘이다.

기술과 도구, 미디어의 지속적인 변화와 발달에 따라 디지털 환경에서 살아가기 위해서는 새로운 개념의 리터러시 능력이 요구된다. 디지털이 기존의 도구와 기술, 미디어를 근본적으로 변화시켰기 때문에 아날로그 시절의 문해력으로는 충분하지 않다. 디지털로 인한 변화의 속성과 영향의 범위를 이해하는 디지털 리터러시의 능력이 요구된다.

컴퓨터가 기계 언어를 통해 학습하는 상황이 된 만큼 조만간 인간의 인지적 능력을 뛰어넘게 된다. 근래 인공 지능과 자동화 로봇 분야에서의 괄목할 만한 성취도 기본적으로 정보의 디지털화가 가져온 결과이다. 디지털 리터러시는 디지털 정보의 이러한 속성을 이해하고 활용하는 능력으로 정보화 사회를 살아가기 위해 필수적인 인지적·사회적·직업적 역량이 된다.

기술은 복잡한 구조와 강력한 힘을 갖추면서도 사용법은 점점 더 편리해진다. 과학 소설 작가인 아서 클라크 Arthur C. Clarke는 〈고도로 발달한 기술은 마법과 구별할 수 없다〉고 말했는데, 디지털 기술에서도 마찬가지이다. 스마트폰과 인공 지능이 대표적으로, 디지털 기술은 편리하고 강력하지만 작동 구조가 드러나지 않는다. 〈블랙박스〉 속의 기술이라고 말한다. 서비스를 만들고 운영하는 설계자나 전문가와 달리 실제 사용자는 기술 구조에 무지한 채 이용하는 상황이다. 스마트폰, 인공 지능 기술은 무엇보다 강력하고 매혹적인 기술이다. 그런데 사용자가 깊이 의존하지만 기술의 구조와 영향에 대해 무지한 〈정보 비대칭〉 상황은 디지털 시대의 짙은 그늘이자 위험 요소이다.

사용자의 늘어난 기회와 선택권, 그리고 책임

인터넷과 디지털 미디어는 쌍방향성 덕분에 매스 미디어

와 달리 이용자에게 많은 선택과 통제권, 그리고 기회를 제공한다. 이용자가 기술을 이해하고 활용 능력을 갖춘 경우 주도적 이용자가 될 수 있지만, 그렇지 못한 경우에는 의존성이 높으나 주도성이 떨어지는 결과로 이어진다. 디지털 기기 사용법은 아이가 모국어를 배우듯 자연스럽게 익힐 수 있지만, 기술의 구조와 그로 인한 개인적·사회적 영향은 저절로 습득할 수 있는 영역이 아니다. 디지털 환경에서 이용자에게 이전보다 강력하고 다양한 권한과 선택이 제공된다는 것은 양날의 검이다. 이용자의 권한 강화는 기술의 속성과 구조를 아는 이용자에게는 많은 것을 가능하게 해주지만, 기술에 대해 무지한 이용자에게는 과중한 선택의 부담이 된다. 디지털 리터러시 능력을 갖추지 못하면 미디어 이용자는 디지털 환경에서 기존보다 많은 시간을 미디어 이용에 할당하지만 수동적 이용에 머물 수 있다.

디지털 사회에서 살아가자면 소프트웨어와 알고리즘에 기반한 경제와 사회를 이해할 수 있게 해주는 기술에 대한 상식과 이해력을 갖춰야 한다. 이는 단순한 기술의 조작법을 지칭하는 것이 아니라, 사용자와 사회 구성원이 벗어나 생존할 수 없는 지배적 환경이 된 기술의 영향력을 이해하는 것을 의미한다. 영향력이 막대한 기술의 빛과 그늘을 함께 보아야 하기 때문이다. 인터넷은 사회적 존재로 사람이 유지해 온 전통적 인간관계와 사회관계를 변화시키는 거대한 동력이자 플랫폼이다. 휴대 전화와 같은 개인 소통 수단과 소셜 미디어가 등장할 때만 해도 오늘날과 같은 보편적 도구가 되리라고 생각하기는 어려웠다. 소셜 미디어 환경에서 소통하고 정보를 만드는 행위가 어떤 영향을 끼치는지 파악하는 것도 디지털 리터러시의 일부이다. 세대별로 디지털 소통 수단에 대해 다른 인식과 사용 행태를 보이는 만큼, 이는 기성세대가 디지털 네이티브 세대를 이해하고 교육하는 데 필수적 역량이기도 하다. 디지털 리터러시는 미디어 이해와 활용의 핵심이 되는 비판적 사고력을 키운다는 점에서 미디어 리터러시와 같다. 나아가 디지털 리터러시는 정보의 디지털화로 인한 지식의 유효 기간 단축과, 이로 인한 평생 학습을 의미하는 디지털 시민 역량을 추구한다.

미디어 콘텐츠를 통해 기술을 일상적으로 만나는 환경을 고려할 때, 디지털 리터러시의 다양한 영역 중에서 우선적으로 구체화할 수 있는 것이 미디어 리터러시이다. 미디어 리터러시는 뉴스의 비판적 읽기에서 출발한다. 날마다 뉴스를 통해 사회생활에 필요한 새 정보를 받아들이는 환경에서 각 구성원들이 얼마나 활용 능력과 주체적 수용 능력을 갖췄느냐가 중요하다.

더욱이 정보의 유효 기간이 단축되고 인공 지능이 진위를 식별할 수 없는 정보를 만들어 내는 환경에서 미디어를 통한 평생 학습은 만인의 핵심적 도구가 된다. 이러한 태도는 북한과 관련된 부정확한 보도와 허위 정보 식별에만 그 효용성이 머무르지 않는다. 미래 사회에서 갈수록 위험성과 영향력이 커져 가는 허위 정보 일반에 대한 가장 근본적이고 효과적인 도구로 기능할 수 있기 때문이다.

지은이 **구본권** 오랫동안 취재·보도를 해온 현직 신문 기자이자, 언론학과 디지털 사회 변화를 연구하며 저술·강의 등 다양한 영역에서 활동하는 현장 기반 연구자이다. 1990년부터 『한겨레』 기자로 일하고 있으며, 한겨레 사람과디지털연구소장, 서울시 교육청 미래교육 전문위원, 한양대학교 신문방송학과 겸임 교수를 지냈다. 서울대학교 철학과를 졸업하고 한양대학교에서 「저널리즘에서 〈잊혀질 권리〉와 언론피해구제 연구」로 언론학 박사 학위를 받았다. 월간 『신문과 방송』, 계간 『미디어리터러시』 편집위원을 지냈으며, 한국언론진흥재단에서 뉴스트러스트위원회, 미디어리터러시위원회 위원으로 활동했다.

지은 책으로는 『뉴스를 보는 눈』, 『뉴스, 믿어도 될까?』, 『유튜브에 빠진 너에게』, 『로봇 시대, 인간의 일』, 『공부의 미래』, 『당신을 공유하시겠습니까?』, 『나에 관한 기억을 지우라』, 『인터넷에서는 무엇이 뉴스가 되나』 등이 있고, 『잊혀질 권리』, 『페이스북을 떠나 진짜 세상을 만나다』를 우리말로 옮겼다.

손안의 통일 ❻

북한 뉴스 바로 보기

발행일 **2020년 12월 30일 초판 1쇄**

지은이 **구본권**
발행인 **홍지웅·홍예빈**
발행처 **주식회사 열린책들**

경기도 파주시 문발로 253 파주출판도시
전화 031-955-4000 팩스 031-955-4004
www.openbooks.co.kr

Copyright (C) 구본권, 2020, *Printed in Korea.*
ISBN 978-89-329-2074-0 04300 ISBN 978-89-329-1996-6 (세트)

이 도서의 국립중앙도서관 출판예정도서목록(CIP)은 서지정보유통지원시스템 홈페이지(http://seoji.nl.go.kr)와 국가자료공동목록시스템(http://www.nl.go.kr/kolisnet)에서 이용하실 수 있습니다.(CIP제어번호:CIP2020052059)